JN033014

小学校体育
全員参加
の指導テクニック

東京学芸大学附属小金井小学校
/ 日本テニス協会普及委員
今井茂樹

明治図書

はじめに

■体育授業の現状に目を向ける！

「テニスって面白いよね！」「運動すると気持ちいいよね！」

スポーツには，「体を動かして面白い」「観戦して面白い」「関わり合って面白い」…　様々な「面白さ」が存在します。こうした運動がもつ「面白さ」を学ぶことで，体育科の究極目標である，「生涯に渡って運動に親しむ資質・能力」が育まれるのではないでしょうか。

小学校の子どもたちの多くは，体育の授業を楽しみにしています。体育の授業が雨などでできないと知れば，「えー！」「先生，体育館でやりたいです！」と何とか体育の時間をつくろうとする子どもたちの姿が見られます。

こうした体育を支持する圧倒的な力によって，体育はみんなにとっての楽しい教科として，明るいイメージをもたれています。故に，たとえクラスを半分に分けて，ドッジボールを１つのボールで行うような授業が展開されても，その場の雰囲気で「面白かった！」という感想をもってその時間の体育を終えることが少なくありません。

しかし，一見，全員が嬉々として運動しているようなボールゲームの授業においても，ゲームの中をよく見ると，ゴール前にポツンと動かずにいる子，行ったり来たり走っているけれど，一度もボールに触れない子，シュートが打てない子など，楽しさを感じられていない子がいるのです。

このような授業の中では，運動が得意な子は，輝く場面や運動量が保障され，「面白かった！」と気持ちが高まり，運動欲求充足が満たされた状態になります。一方で，運動が得意でない子にとっては，この時間は何の時間になっているのでしょうか。ボールには触れない，いや，むしろ触りたくないと思っているのかもしれません。その背景には，「ミスしたら友達から責められる」「恥ずかしい思いをしたくない」「運動は得意でないから，早く終わ

ってほしい」と思っている子どもたちが，その授業の中には存在しているのです。

■全員参加＝個が輝く体育授業を！

　子どもたちは，どの教科，どの領域においても，「活躍したい！」「輝きたい！」「認められたい！」という思いをもっています。こうした思いに応え，子どもたちの自己肯定感を高めることが，私たち教師の役目です。

　運動が得意な子も運動が得意でない子もすべての子どもたち一人ひとりが輝ける授業をつくることは，自己肯定感を高めることに加え，生涯スポーツを親しむ力を培うことにつながります。そして，その子の人生をより豊かにしていくことができるのです。

　では，すべての子どもたちが輝ける授業とは，どのような授業でしょうか。それは，**全員が主体的に参加する授業**です。

　本書では，**「全員参加＝個が輝く体育授業」**をつくる上での**指導テクニック**をまとめました。多くの先生方のより良い授業づくりの一助になれば幸いです。

【全員参加のための４つの視点】

視点１　教材・教具・場・ルールの工夫

視点２　振り返りと次時の学習課題設定の工夫

視点３　学習過程（今もっている力→発展した力）の工夫

視点４　チーム性をもたせる工夫

2020年11月

今井茂樹

CONTENTS

器械運動

陸上

表現

Column

おわりに

第1章

全員参加の体育授業を目指して

1

個が輝く体育授業を

「やったー！体育だ‼」「次のゲーム，絶対に勝とうね！」

「はやく体育の時間にならないかなー！」

　教室中に響きわたる声。生き生きとした子どもたちの表情。キラキラと輝かせている眼。

　子どもたち全員が運動の「面白さ」に没頭し，一人ひとりが輝くことができれば，自然と学習課題を自分ごととして，主体的に考えるようになります。そして，他者との積極的な対話が生まれ，自己更新を通して，深い学びへと向かっていきます。

　「全員参加＝個が輝く」体育授業が大切なことはわかっているけれど，どのように授業づくりをするのか。本書では，「全員参加＝個が輝く」体育授業づくりのための４つの視点と，64本の指導テクニックを紹介します。

1 　技能習得は「できるようになりたい！」を大切に

　「跳び箱運動で開脚跳びを全員に跳ばせるようにしたい」「マット運動で側方倒立回転を全員ができるようにしたい」

　教師が，技能習得を目指し，体育の授業をすることは当然です。そのなかで，「できる」成功体験を味わわせることは，とても大切なことです。しかし，

「できる」ようにするために，技術を教えこみ，何度も繰り返すような授業

をしていては，トレーニングのようになってしまい，子どもたちは，「自ら学ぶ」意欲を失います。

　「できるようになりたい！」と主体的に学ぶことを通して技能習得を目指していく，その学習過程が大切です。

2　みんなが輝く！を大切に

　例えばボールゲームの授業では，一見全員が楽しくプレーしているように見えますが，よくゲームを見てみると，ゴール前にポツンと残っている子がいたり，運動の得意な子がボールを独占し，他の子が全くボールに触れていなかったりする姿を目にします。このような授業を繰り返せば，運動嫌いを生みかねません。

　ボールゲームの授業では，「みんなが輝ける」視点を大切に，全員がボールに触れ，得点できる機会を保障する授業づくりが求められます。

3　「主体性」と「面白かった！経験」を大切に

　現代の子どもたちは，日常生活のなかで遊びや運動が定着せず，体力や運動能力が低下傾向にあると言われています。このような状況だからこそ，体育のなかで意図的・計画的に楽しい運動経験に出合わせ，生涯にわたって運動に親しむ資質や能力の基礎を育むことが大切です。

　運動の二極化が生じる大きな要因として，主体的に運動に関われていないことが挙げられます。つまり，運動の面白さに没頭する経験が少ないのです。すべての子どもたちに「主体性」と「面白かった！経験」を学校体育のなかで保障することが，運動の二極化や体力向上への対応策になります。

2

運動の「面白さ」に没頭させるために

1 運動の「面白さ」って何？

人間は芸術や音楽に，そしてスポーツに「必然」として感動する本質をもっています。感動する本質のスタートは，そのものがもつ，特性や魅力です。運動やスポーツに置き換えれば，その運動やスポーツがもっている特性や魅力，すなわち，「その運動特有の面白さ」と言えます。その「運動特有の面白さ」をスタートにして，教えられる，もしくは与えれるのではなく，子ども自身が必要感をもって運動に取り組むことが重要です。

例えば，テニスというスポーツで考えてみましょう。テニスは，ラケットを持ち，黄色の硬いボールで約23m×10mのコートでシングルスもしくはダブルスでゲームをします。主なルールは，ワンバウンドかノーバウンドで直接返球しあいます。このテニスというスポーツを，子どもたちにいきなりラケットとボールを渡し「ゲームをしましょう」と言っても，当然，楽しむことはできません。しかし，小さいラケットやグローブのような手にはめこむタイプのラケットを用いて，スポンジボールを使い，10m×5mのような小さいコートで行い，また，2バウンドまでOKのルールにすれば，ラリーが続き，ゲーム自体を楽しめるようになります。

テニス特有の面白さを味わう上でのポイントを示しましたが，このように，どの運動にもそれぞれの特有の面白さがあることを知っているだけで，授業

のつくり方が変わってきます。

2 運動の「面白さ」に没頭する子どもたちの姿

　教師が一方的に学習課題を
提示し，ドリルやタスクのよ
うな練習課題を課し，スキル
アップを目指すといった学習
過程を目にしますが，それで
は，学習に対する必要感と主
体性は生まれません。

　テニスの話を例に示したよ
うに，「今もっている力」で，まずはその運動そのものがもっている特性や
魅力に夢中になる「易しい」運動やゲームを用意することが必要です。その
易しい運動経験をベースに，「どうすればもっと上手くなるのだろう」「○○
さんのようにできるようになりたいな」「どうすれば勝てるのかな」と，子
どもたちが学習課題を自分ごととして発見し，その課題解決に向かって試行
錯誤すること，そして，内容やルールなどを自分たちの力に応じて発展させ
ていくことが大切なのです。

　こうした学びの積み重ねによって，「知識・技能」や「思考力・判断力・
表現力」といった，体育科に必要な「資質・能力」が主体的に身についてい
くのです。その運動がもつ特有の面白さに触れ，学習課題を自分ごととして
発見し，試行錯誤しながら能力を高めていく姿こそが，「運動に没頭する子
どもの姿」と言えます。

　体育学習のなかで，すべての子どもたちが，運動の面白さに没頭し，輝く
姿を目指していくことは，全員参加をつくる体育授業づくりに欠かせません。

3　子ども−教師が感じる「面白さ」のズレの修正

　授業で取り上げる運動について，子ど
もと教師が感じる「面白さ」にはズレが
生じることがあります。例えば，ソフト
バレーボールで，子どもたちは相手から
送られてきたボールをつなげて，返せる
か，返せないかの攻防を面白がっている
のに，教師は，ボールを落とさずにつな

げて３段攻撃をすることが面白いはずだ，と考えていたとします。ここには，
「面白さ」のズレが生じています。子どもたちは，夢中でボールをつなげて
返すことに面白さを感じているので，まだ「３段攻撃」には目が向いていま
せん。バレーボールは「レシーブ，トス，アタック」で攻撃するという，教
師がもつ固定観念がそこにあるのではないでしょうか。

　まずは，教師が，その運動がもつ特有の面白さ（45　テニス型とバレーボ
ール型の面白さの違いを理解して授業をつくる　p.122参照）を十分に検討
することが授業づくりの出発点です。次に，子どもが主体的にその運動の面
白さを味わうためには，毎時間の子どもたちの姿（動きや振り返り）を重視
し，子どもの視点からの運動特有の面白さを捉え直します。そして，子ども
と教師の面白さの捉え方のズレを理解し，共有を図ることが必要です。なぜ
ならば，一方的な教師の思いで運動の面白さを押しつけてしまうことも，子
どもが感じる面白さだけを重視し，安易にルールや学習課題を変えてしまう
ことも，その運動がもつ特有の面白さを子どもが主体的に味わったとは言え
ないからです。

　毎時間の子どもの活動や振り返りを子どもの視点から省察し，そこに教師
の思いや願いを加味しながら次時の学習課題を設定していくことを積み重ね
ることで，「子ども−教師」双方が運動の面白さを味わえることにつながっ
ていきます。

4　ゴールイメージと必要感～「やってみたい！」を大切にする～

　教師２年目に４年生の担任になり，
「タグラグビー」の研究授業をしました。
当時は，「みんなが楽しめるルールの工
夫」と「作戦の実現」が大切と考えてい
ました。授業の振り返りでは，どうした
ら，もっとタグラグビーを楽しめるかを
みんなで話し合ったり，上手くいった作

戦を共有したりして，大きな掲示物を作成しました。こうした取り組みを通
して「４－２　オリジナルタグラグビーをつくろう」と意気込んでいました。
　授業の後の協議会では，言うまでもなく，ボロボロでした…
　「タグラグビーって，どんなところが面白いと考えていますか？」「みんな
でルールを考えたり，作戦を出しあったりするところです…」「タグラグビ
ーの良いプレーとはどんなプレーですか？今日の子どもの姿で教えてくださ
い」「上手くパスがつながってトライできた場面です…」「練習や作戦に必要
感をもっていたように思えませんでしたが？」「そうかもしれません…」
　どの質問・意見にも，自分の思いをもって返答することができませんでし
た。なぜならば，タグラグビーの良いプレーのイメージや，単元終了後にど
んなプレーができる子どもたちになってほしいかのゴールイメージが全くも
てていなかったからです。また，練習や作戦についても，子どもたちの必要
感を考えず，一斉に同じ練習をさせたり，実態に合わない作戦を紹介したり
していました。
　この経験を通して学んだことは，「ゴールイメージをもつ」ことと「必要
感をもたせる」ことの重要性です。良い動きのイメージやゴールイメージを
教師がもつことにより，教師の言葉がけや支援，振り返りの視点づくりなど
が大きく変わります。そして，子どもたちの必要感に応じた練習の場や作戦
づくりの場を設定することも全員参加の授業づくりには欠かせません。

教材研究では，教師自身が，その運動の「良い動きのイメージ」を学ぶこと，そして，子どもたちの必要感に対応できるよう，様々な練習の場や作戦を知ることが必要です。

5　対話的な学び

　「対話」というと，その言葉をそのまま捉えて，授業過程に，「作戦タイムを設けて，話し合わなければならない」「学習の流れで振り返りの時間をつくらなければならない」として，話し合い場面を入れる場合があります。このような形式的な「対話」では主体的な学びは生まれません。

　授業改善の視点として，3つ挙げられます。

　1つ目は，「子どもたちの表現力を伸ばす」ことです。そのためには，「見る」視点をつくることが必要です。教え合うにも励まし合うにも，見ていないとできません。何を見たら良いのか明確になってさえいれば，ボンヤリと友達の動きを見ることはなくなります。他者の動きや考えを自分ごとにすることで，どんどん対話は生まれて活性化していきます。

　2つ目は，「学習課題を具体化し，必要感をもたせる」ことです。学習課題を具体化すれば，何を学ぶのかがわかりやすく，対話がしやすくなります。全体で学習課題を提示する際，「ピタッ」「ビュン」「フワッ」などオノマトペを積極的に教師が活用することも有効です。こうしたオノマトペの創出を認め，振り返りで表現させると，話し合いが盛り上がります。

　3つ目は，「動きを通して伝え合うことも『対話』と捉える」ことです。「対話」は，「作戦を振り返る」，「振り返りで話し合う」などの言語活動に限りません。以前，テニスのようなゲームはシングルスやダブルスで行うので，チームがつくれず，対話が生まれないと指摘されたことがありました。その意見に対して「ネットを挟んだ相手との打ち合いを通して，対話をしています」と答えたことがあります。対している相手とラリーや攻防のやりとりなどを通して対話は生まれているという考え方もできるのです。

3

全員参加の体育授業のために教師に必要な力

1 逃げ道をつくってあげよう

　言葉は悪いかもしれませんが，運動に対して「逃げ道をつくってあげる」ことは，全員参加の体育授業を目指すためには大切な視点です。

　体育は体を動かす教科ですから，「できる」ことで面白さを味わい，「わかる」ことにもつ

ながっていきます。よって，「『できる』ようにしてあげる＝教師力・授業力が高い」と思われている先生方も多いのではないでしょうか。

　「逃げ道をつくってあげる」ことは，「できる」ようにしてあげられなくてもよい，ということではありません。「できるようになった」「もう少しでできそう」な技や動きで，その運動の面白さの深みを味わってほしいということです。「○○をできるようにしなければならない」ではなく，子どもが主体的に「○○に挑戦したい」と思えるような環境をつくる視点をもつことが必要だということです。

　「跳び箱運動」の一般的な学習過程として，「開脚跳び」「かかえ込み跳び」「台上前転」「はね跳び」などの技のポイントを１つずつ確認した後に練習する学習過程，もしくは，「はね跳び」など１つの技を１単元で特化して取り上げる学習過程が挙げられます。まず前者について，多くの技を取り上げる点は，多様な技への興味関心にもつながりますが，当然，できる技，できない技が出てきます。長時間を通して，できない技に取り組んでいくことは，

運動が得意な子にとっては，充実した時間になるかもしれませんが，運動が苦手な子にとっては苦痛な時間となります。こうしたことは，後者の「はね跳び」を1単元で特化して取り上げることにも言えることです。

　ここで，「逃げ道をつくってあげる」授業づくりが求められます。前者の授業改善の視点としては，様々な技を1時間で2つずつ取り上げ，2～3時間で技のポイント学習を終えます。その後は，「できるようになった技」をより深めたり，「もう少しでできそうな技」に挑戦したり，子どもたち自身に，何の技を取り組むのか選択させます。

　跳び箱運動の学習で，すべての子がすべての技をできるようになることは無理難題です。1つの技でも美しく跳べるようになれば，子どもたちはとても嬉しいし，「跳び箱，楽しい！」と思えるようになり，「他の技もできるようになりたい！」という気持ちが芽生えてくるのです。

　どの領域においても，まずは「これならできそうだ」と思える学習環境を整え，その場やルールで十分に楽しく運動できるようにしてあげることが，全員参加の授業を目指すために必要な教師の力です。

2　子どもたちの必要感に敏感になろう

　技能の向上を図るためには，適切なめあて（必要感）をもって取り組むことが大切です。しかし，子どもたちの中には適切なめあてをもてずに，「なんとなく」や「友達がいるから」といった理由で取り組んでいる子どもが少なくありません。適切なめあてのもとで取り組めていない場合は，意欲の減退にもつながります。

　一人ひとりの動きや学習カードの記述を読み取り，次時にどのようなめあてをもって取り組もうとしているのかを事前に確認します。このように授業前に個々のめあてを把握することで，事前に適切な取り組みに誘導することができますし，本時の指導にも生かすことができます。

第2章

全員参加の授業をつくる
４つの視点

教材・教具・場・ルールの工夫

　運動が得意な子も，苦手な子も楽しめる授業をつくるためには，魅力的な教材の提示，そして教具・場，ルールの工夫は欠かせません。工夫のポイントは以下の２点です。

　・運動との出合いを大切にする
　・既存，オフィシャルにとらわれない発想を大切にする

Point
1　運動との出合いを大切にする

　「今日からの体育は何をするの？」

　「楽しみだなー！」

　子どもたちが毎回，ワクワクするような魅力的な教材を提示することができれば，それだけで子どもたちは運動に夢中になります。例えば，「今日から『跳び箱運動』を

します」と提示するのと，「今日から『チーム跳び箱』をします」では，興味関心のもち方が変わってきます。「チームで跳び箱するって何？」と子どもたちの目はキラキラします。そして，「やってみたい」という意欲をかき立てることができます。このように，魅力的な教材を提示することは，全員参加型授業の第一歩となるのです。

「やってみたい！」「面白そう！」といった意欲関心は，「教具や場の工夫」からも高めることができます。器械運動の技の練習を例に考えると，一人ひとりの実態に対応できる，様々な場を用意することが大切です。共通の場を通して，スモールステップ形式で学んでいく授業を目にすることがあります。しかし，この形式では，運動が得意な子は「つまらない」と感じることがあるでしょうし，一方で運動が苦手な子は，「難しいから嫌だな」と感じる場合もあることが考えられます。教師が子ども一人ひとりの実態に対応した場を設定し，全員が自分の必要感に応じた場で取り組むことで，学習意欲が高まり，そして主体的に学び，結果的に技能が向上していきます。

　ボールゲームでは，そのコートサイズが子どもの実態にあっているのかを考えます。単元前に数名の子どもたちに協力してもらい，そのコートで動いてもらいます。感想を聞き，広くするか狭くするかを考えます。このように，場については，子どもと共に創る視点をもつことを重視します。

Point 2　既存・オフィシャルにとらわれない発想を大切にする

　ルールや教具・場を工夫する際，大切な視点は「既存・オフィシャルにとらわれない」ということです。子どもの現状に目を向け，挑戦・達成意欲が高まり，発展できるような要素やルールの工夫があれば，自然と運動の面白さにのめり込んでいきます。

　ボールの選択について考えてみましょう。ドッジボールではどのようなボールが最適でしょうか？既存のボールを使うという選択だけでなく，「積極的にキャッチしたい」と思えるように，ビニル袋に緩衝材を入れて易しいボールを作成することも工夫の1つです（上写真）。そして，スキルの上達に伴い，みんなで話し合いながら，ボールやルールを発展的に工夫していく授業づくりは，全員参加をつくるうえで欠かせません。

振り返りと次時の学習課題設定の工夫

　子どもが主体的に運動の「面白さ」を味わうためには，学習課題について必要感をもって取り組み，その活動を自分ごととして振り返り，そして，振り返った内容を次時の学習課題として設定する。この積み重ねによって，一人ひとりの価値ある学びが創出されます。

・振り返りは，ポイントを絞る
・学習課題は子どもと教師の思いを重ね合わせて設定する

Point
1　振り返りは，ポイントを絞る

　「では，今日の授業を振り返ります。今日のよかったところや学んだことは何ですか？」振り返りの場面で，よく見られる教師の発問です。それに対しての子どもたちの反応は，「○○さんの応援が嬉しかったです」「○○くんの動きが凄かったので，マネしてみたいです」といったように，何について学んだのかはっきりせず，次の時間に生かされる充実した振り返りの内容ではないことがしばしば見られます。

　振り返りは，身体活動と同じくらい大切な学び合いの場です。この時間を価値あるものにしていくことで，子どもたちは主体的に運動に取り組み，面白さを味わっていくことができます。

　それでは，どのように価値あ

る振り返りの時間をつくるのでしょうか。重要なことは，ポイントを絞ることです。この1時間で，何について学んだのかを子どもたちも教師も明確に理解して，次の時間への見通しをもたせることが必要です。

　「今日学んだことは何でしょう？」という漠然とした問いではなく，学習課題で提示した内容を中心に，例えば，「今日は台上前転の＜①踏切の強さと②回り方＞に着目して，取り組んだけれど，どうでしたか？」と問います。そうすると子どもたちは「踏切を強くすると，腰が高く上がるから回りやすいです」「まっすぐ回りたかったけれど，斜めになってしまいました。でも，〇〇くんが，手のつく位置をもっと前にして勢いよく踏み切ってみたら？と教えてくれて，次は上手に回れました」など，＜①踏切の強さと②回り方＞に関連づけて話し合うことができ，台上前転で大切なポイントを全員が理解できるようになるのです。

Point 2　学習課題は子どもと教師の思いを重ね合わせて設定する

　ポイント1で示したような「充実した振り返り」の内容をベースに次時の学習課題を設定します。「充実した振り返り」とは，教師中心ではなく，子どもの必要感をもとにした子ども中心の学び合いの場です。こうした子ども中心の振り返り活動で話し合われた内容は大切です。しかし，子どもたちの考えだけで，次時の学習課題を設定してしまうと，教師が学ばせたい内容や伝えるべき技術・戦術が反映されていなかったり，「楽しい！」だけの学びがない放任的な学習になったりする危険性があります。

　そこで，前時の振り返り活動の内容に，教師の学ばせたい内容を子どもたちの実態に応じて加え，次時の学習課題として提示します。例えばポイント1で示した振り返りの内容をもとに考えると，台上前転は十分に身についていると判断し，「手のつき放しと足の振り上げを意識して首はね跳びに挑戦させたい」といった教師の思いを重ね合わせて，学習課題を設定してくのです。

学習過程の工夫

　体育では，全員参加の授業をつくるために，「今もっている力」で楽しむことから始め，「発展した力」でより深く楽しむ学習過程の工夫が必要です。工夫のポイントは以下の2点です。

・まずは「今もっている力」で楽しめる難易度にする

・「面白さ」の飽和を見極め，発展した学習につなぐ

Point
1　まずは「今もっている力」で楽しめる難易度にする

　単元のはじめは，とても重要です。「楽しそうだな」「ちょっと難しそうだけど，やってみたいな」といったワクワクするような印象をもたせることに全力を注ぎます。

　授業づくりの大切なポイントは，「今もっている力で楽しめ

るかどうか」です。学級集団の中には，運動が得意な子も苦手な子もいます。運動が得意な子にとって易しすぎてはいけないし，苦手な子にとって難しすぎてもいけない。そのバランスを見極め，運動や学習課題を提示することが必要です。その解決策として，個々に対応できる多様な場作りの引き出しの数と，ゲーム・ルールづくりのアイデアが挙げられます。本書では，領域ごとに「今もっている力」や「発展した力」で楽しめるアイデアを紹介します。

Point
2 「面白さ」の飽和を見極め，発展した学習につなぐ

1975年にチクセントミハイが提唱した「フロー理論」をご存知でしょうか。フローな状態，すなわち自分にとってしっくりくることをしていて，とても"ノッている状態"になることについて，その条件として，自分の技能の水準と挑戦する水準とが緊張状態にあることが重要と言われています。つまり，自分の技能よりもあまりにもレベルが高い挑戦は，フロー状態になりにくく，同様に技能より下の課題でも，つまらなさを感じてフロー状態に至らないということです。

この理論が示していることは，「今もっている力」で楽しめた先にある，より深い運動の「面白さ」へ誘うために，学習集団全体だけではなく，一人ひとりの発展的な課題に対応していかなくてはいけないということです。

フロー状態をつくる上で大切なポイントは，毎時間の子どもの見取りをしっかり行うことです。運動中の一人ひとりの動き，そして振り返りの時間の一人ひとりの考えや思いに目を向けることが必要です。まだ十分に「面白さ」を味わえていないという段階では，課題を発展させる必要はありません。しかし，飽きを感じていたり，難しさを感じていたりする状況があれば，次時からの課題を発展的に修正する必要があります。

このように，学習集団全体に目を向けていくだけでなく，個々にも目を向けた上で，子どもたちの運動「面白さ」に対する現状を理解し，発展的に学習を進めていく学習過程の工夫が求められます。

チーム性をもたせる工夫

スポーツ競技は個人で行う種目，集団で行う種目があります。体育の中でも，競技性に準じて，ボールゲームは集団で，器械運動や陸上運動は個人で，と分類してしまうことが少なくないと思います。

「チーム」で行う良さを個人競技にも生かしてみると，これまでには見られなかった子どもたちの生き生きとした表情や姿がみられるようになります。チーム性をもたせる工夫のポイントは下記の3点です。

・チーム同士で得点を競い合わせ，勝負にこだわらせる

・完成した演技を発表する場を設ける

・チームの友達の動きを自分ごととして考えられるようにする

　（友達と自分を一体化）

Point
1　チーム同士で得点を競い合わせ，勝敗にこだわらせる

器械運動や陸上運動は，個人の技や記録を高めるところに運動の「面白さ」があります。個人に徹底的にフォーカスして授業づくりを行うことも1つの指導テクニックですが，ここでは，個人記録を得点化して，

「チーム」で競い合わせる良さを紹介します。

幅跳びの授業をイメージしてみます。個人の記録を測り，その記録を伸ばすために，友達と関わりながら準備された場で練習を行い，そして再度，記

録に挑戦し，伸びを確認し，振り返るといった授業の流れが想像できます。

　こうした授業の中に，「チーム性」をもたせます。具体的には，自分の記録の伸びを得点化し，チーム対抗戦として毎時間，得点を競わせます。「赤チームのAくんは3m10cmで伸び得点が2点，Bさんは2m80cmで伸び得点が3点，一方，青チームのCくんは3m30cmで伸び得点が1点，Dさんは3m20cmで伸び得点が5点」だったとすると赤チームの伸び得点は5点，青チームの伸び得点は6点となり，青チームの勝ちとなります。

　このように個人種目をチーム戦にすると，勝敗にこだわるようになるとともに，個人だけれど，友達のことも自分のことのように考えられるようになり，チームとしての一体感を味わうことができます。

Point
2 完成した演技を発表する場を設ける

　器械運動では，個人の技の完成度を高め，美しさを求めていきます。そして，単元の最後には，学習のまとめとして，発表会を行う授業づくりが一般的ではないでしょうか。マット運動であれば，「前転－開脚前転－側方倒立回転－ジャンプ－後転－伸膝後転－フィニッシュのポーズ」といったように，できるようになった技から選択し，組み合わせを考え練習し，発表するといった流れです。

　こうした器械運動のテッパンから脱却し，チームをつくり，できるようになった技で演技構成を考え，曲のリズムに合わせて，チームで演技をする授業づくりを提案します。単元のゴールに演技の発表会を位置づけることで，そのゴールに向かって，単元を通して，「開脚後転ができるようになりたい！」といった技への必要感や「○○さんの側方倒立回転は膝が伸びれば，

演技の完成に近づくからがんばろう！」といった友達との主体的な学び合いの姿が見られるようになります。

Point 3　チームの友達の動きを自分ごととして考えられるようにする

　個人種目の場合は，子どもは自分自身の「わかる・できる」ことを第一に考えます。そして，教師は，友達のよい動きや考えを共有する環境をつくり，その子の動きや考えに肯定的な影響を与えようと働きかけます。子どもたちは，「○○さんのこういう動きが良かったから，次は自分も挑戦してみたいです」といった学習感想をカードに記述し，教師は，そのカード記述を見て，友達との学び合いが上手くいっているという評価をします。こうした学習の流れは，指導テクニックとして必要なことです。しかし，子どもたちの姿をよく観察してみると，「先生から言われているから，友達の動きを見なくてはいけない」「カードに友達から学んだことを書く欄があるから書かなくてはいけない」といった，教師からの強制力が働いていることがしばしば見られます。これらは，主体的な学び合いとは言えません。

　では，主体的な学び合いはどのように生まれるのでしょうか。これは，「チーム性」をもたせることで解決が図れます。個人種目だけれども，「チーム」として取り組ませることで，友達の動きを自分ごととして考えられるようになります。なぜならば，チームで得点を競い合ったり，演技をしたりするため，友達ができるようになったり上手くなったりすることは，自分自身の喜びや達成感にもつながり，必然的に他者に目が向くようになるからです。技術面についての知識・理解を深めることができるし，自分の動きについてもより深く頭で考えられるようになります。そして，何よりも友達との関わり方が強制的ではなく，自主的へと変わっていきます。「チーム性」の魅力は，全員参加を保障できるところにあるとも言えます。

第3章

領域別
全員参加のための
指導テクニック

1 ナンバーゲームや並びっこで 楽しく「体育の席」を覚えさせる

| 領　域 | 体つくり運動 | 運　動 | ナンバーゲーム・並びっこ |

視点1　教材・教具・場・ルールの工夫

指導場面

　教室では，自分の席が決まっていますが，体育館やグラウンドには，席がありません。そのため，授業が始まっても，フラフラしていたり，遊び回ったりしていることがあるのではないでしょうか。そこで，体育でも「席」を決めておきます。そうすることによって，上記の問題が解消され，集合時もサッと集まることができるようになります。「並びっこ」等のゲームを通して，楽しみながら席を覚えることができ必要感のあるウォームアップにもなります。

全員参加のためのポイント！

ナンバーゲームや並びっこで楽しく体を動かしながら，自分の並ぶ位置を覚えさせましょう！

1　背の順でグループをつくって，ナンバーゲームを行う！

・身長順で男女を交互に並べます（4列横隊）。

・教師の前に真ん中の班が並ぶ約束にしておきます。

・男女混合3～4人を1班にします。

・体育館では黒板の前，グラウンドでは朝礼台の前など集合場所を決めてお

きます。

・暑い日は木陰を見つけ，集合場所にするなど児童の体調管理を第一に考えます。

・教師は座り，子どもたちの目線で話をします。

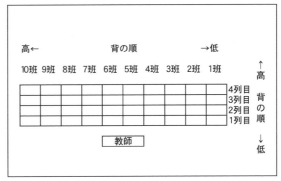

高← 　　　　背の順　　　　 →低

10班	9班	8班	7班	6班	5班	4班	3班	2班	1班	
										4列目
										3列目
										2列目
										1列目

↑高　背の順　↓低

教師

・最後にナンバーゲームをします。基本隊形（4列横隊）になり，「○班の○番」と声をかけ，手を挙げさせます。「3班の5番」など，ない番号を言うと間違えて手を挙げてしまう子がいて盛り上がります。

2 どこへいっても「ピタッ！」並びっこで席を覚えさせる！

　学級開きの体育の授業は「並びっこゲーム」が効果的です。子どもたちの心と体をほぐしながら，楽しく自分の指定席を覚えることができます。

【並びっこゲームのしかた】

①教師が色々な場所へ走り，子どもはその後を追いかけます。

②教師が止まった場所を中心に，10秒以内に基本隊形に並びます。

③ケンケンやスキップ，動物歩きなど移動方法を工夫すると基礎感覚を養う運動にもなります。

※周りの友達とぶつかってはいけないことをルール化し，安全面に配慮しましょう。

3つの運動を組み合わせて心と体をあたたかくする

| 領　域 | 体つくり運動 | 運　動 | ひっこぬき |

視点1　教材・教具・場・ルールの工夫

指導場面

　多様な動きをいくつか組み合わせて，ゲーム感覚で運動すると大いに盛り上がり，心と体がすぐに温まります。楽しみながら体力を高めることや基礎的運動感覚づくりができるため，学級開きにも最適です。

全員参加のためのポイント！

「勝敗の未確定性をもたせる」「色々なじゃんけんを取り入れる」を大切に，ゲーム感覚で行いましょう！

1　ペアでじゃんけんゲームをする！

　ペアで様々なじゃんけんゲームをします。

【おんぶじゃんけん】

　ペアをつくり，おんぶをします。走り回り，ぶつかった相手と上の子がじゃんけんをします。勝ったら，上と下が変わります。2人とも勝ったら勝ちとします。

【フェイントじゃんけん】

　足でじゃんけんをします。高く跳び，空中でチョキをだしてから着地の時

はグーを出すなど，フェイントをかけ相手とのじゃんけんの駆け引きを楽しみます。

【じゃんけんボール投げ】

　2人でボールを持ってじゃんけんをします。勝→ふんわりパス，分→直線パス，負→ワンバウンドパスなどを決め，約束通りに投げられなければ負けとします。

2　3つの動きを組み合わせてひっこぬきをする！

①ペアになりじゃんけんゲームを行います（1つ目の動き）。

②5人に勝ったらサークルの中に入ることができます。

③サークル内の子で外に出されてしまった子は，課題（よじのぼり：床に手をつき，足で壁をのぼっていき，トント

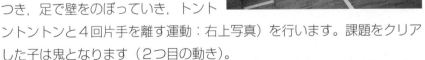

ントントンと4回片手を離す運動：右上写真）を行います。課題をクリアした子は鬼となります（2つ目の動き）。

④鬼は，サークル内の子の足を持ち3人抜いたら，サークルに入ることができます。課題をクリアして鬼になった子も，3人抜けば再びサークルに入ることができます（3つ目の動き）。

⑤3分間を終え，サークル内に入っていた子の勝ちとなります。

3 新聞紙を使って楽しく体幹を高める

視点1　教材・教具・場・ルールの工夫

指導場面

　スポーツ選手が体幹を鍛えている場面を TV でよく目にするようになり，「体幹」という言葉が一般的となりました。体幹を鍛えることは，「コーディネーション能力」を高めることにもつながります。

　ここでは，『松岡修造の人生はテニスだ！with はりきり体育ノ介』（NHK　Eテレ）で取り上げている「ぐねぐね」を紹介します。楽しく走りながら体幹を高められるため，準備運動としても効果的です。

（出典：http://www.nhk.or.jp/taiiku/harikiri/）

全員参加のためのポイント！

体をぐねぐねさせながら走ることを通して，新聞紙が落ちない体のバランスを「体感」させながら，楽しく「体幹」を高めさせましょう！

1　新聞紙を胸・腹あたりにくっつけて走ってみる！

　子どもに半分に折った新聞紙を 1 枚渡し，10m先のコーンを回って，元の場所まで走って戻ってくるように伝えます。普通に走ると，すぐに落ちてしまいます。2，3回経験すると，体をぐねぐねさせて走る子が，新聞紙を落とさないように体をコントロールして，ゴールまで辿り着けるようになりま

す。

　このような子どもの姿
が見られたら，一度，集
合させ，「ぐねぐね」走
る姿に着目させ，自分の
姿と比較をさせます。そ
の後の取り組みでは，全
員が体をぐねぐねさせて，
上手に体をコントロール
させながら，新聞紙を落
とさず，笑顔で走る姿が見られるようになります。

2 「ぐねぐね」に工夫を加えてみる！

　「ぐねぐね」させながら，新聞紙を落とさずに走りきれるようになったら，
下記のような工夫を加えてみましょう。

【工夫例】

・新聞紙を4つ折りにして小さくし，難易度をあげて挑戦します。

・4人1チームを作り，リレーをします。

・ペアを作ります。片方の子が走っている途中に，もう一方の子が風船（ボ
　ール）を投げ，キャッチできるかに挑戦します。

　できるようになったことに，少し難しい課題（工夫）を加えることで，1
つの運動をより深く面白い運動へと変容させることができます。これも，全
員参加のための指導テクニックの1つです。

| 領　域 | 体つくり運動 | 運　動 | おりかえし |

視点1　教材・教具・場・ルールの工夫

指導場面

　おりかえしの運動は，手で身体を支持する変形姿勢の運動やけんけんなど，様々な運動へつながる基礎的な動きを取り入れて，4人程度のリレー形式で行う運動です。

　子どもの競争欲求を充足させるだけでなく，全身を使った運動のため，基礎的な運動感覚づくりに効果のある運動です。

全員参加のためのポイント！

基本的な動物の動きを獲得した後に，様々な形態のリレーを取り入れて，楽しみながら動きを高めさせましょう！

1　動物の動きを獲得させる！

　ここで取りあげる動きは，手での支持感覚や筋力を身につけさせたり，腰が頭の位置より高くなるので，前傾感覚や逆さ感覚などを養ったりするのに適しています。いろいろな方向に歩かせ，楽しみながら動きを獲得させます。

①くま（手足走り）　②うさぎ（うさぎ跳び），
③あざらし　④クモ＝仰向けの手足走り

①くま

②うさぎ

③あざらし

④クモ

2 リズムと動きを合わせる！

　太鼓のリズムに合わせて，動物の動きを丁寧に行わせます。

　くまの動きは，「カツカツカツカツ…」と太鼓の横を速く叩いて，手と足をバタバタ素早く動かすようにリズムをとります。

　うさぎの動きは，「トン，カツ，トン，カツ…」と，太鼓の真ん中と横を交互にゆっくりと叩き，遠くにジャンプできるようにリズムをとります。

　その他の動きは，「トン，トン，トン…」と太鼓の真ん中を一定の間隔で叩き，子どもが気持ちよく動けるようにリズムをとります。

3 おりかえしリレーをする！

　4人1組のチームを作り，次の動きで，おりかえしリレーをします。

①かけっこリレー
②うさぎリレー
③くまリレー
④クモ，もしくはあざらしリレー
⑤①～④の動きを1つずつ取り入れたリレー

（例：　1走者→かけっこ，2走者→うさぎ，3走者→くま，4走者→クモ）

※4つの動きのなかで誰が何の動きをするのかを選んで決めさせて行うと，走っている子の横でうさぎをしている子がいるなど，盛り上がります。

5

3つの運動あそびを組み合わせて心と体をほぐす

| 領　域 | 体つくり運動 | 運　動 | 体ほぐしいろいろ |

視点1　教材・教具・場・ルールの工夫

指導場面

　運動あそびの良さは，一つひとつの運動に面白さがあるため，夢中になって取り組めることです。1時間に3〜4つ程の運動あそびを組み合わせて行い心と体をほぐすことができるため，学級開きにも最適です。

全員参加のためのポイント！

「できる」「わかる」ことを求めて行うのではなく，取り上げる運動あそびそのものを楽しむことを大切にしましょう！

1　ペアから始め，チームへの活動に移行する！

　背の順で決めた4人班のなかで男女ペアを作ります。男女ペアでいくつかの運動あそびをして，心と体をあたためた後，チーム活動を行います。

2　3つの運動あそびを組み合わせて行う！

【ペアで行う運動あそび例＜グーパー跳び＞】

　写真のようにペアで手をつなぎ，座っている子が足を閉じたり開いたりします。立っている子は，その動きに合わせて足を閉じたり開いたりします。

2人で「1，2」のかけ声をかけながら，協力して行います。30秒で立っている子と座っている子は交代します。ペアの合計1分間で何回跳べたかを競います。

【4人班1チームで行う運動あそび例＜よじのぼりじゃんけん＞】

　2チーム対抗のじゃんけん対決を基本とします。まず1人目が床に手をつき，足を壁にかけ，よじのぼります（写真）。この状態で，隣チームの相手とじゃんけんをします。勝った子はそのまま残り，負けた子は列の後ろにつきます。2回連続で勝ったら

1点が入り，後ろの列につくようにします。1回勝って，2回目負けた場合は，点数は入りません。このように，ローテーションしながら進め，3分間で何点取れたかを競います。勝ったチームは，1つ上のステージへ，負けたチームは1つ下のステージへ下がるようにしチャンピオンを目指す，という場の設定をするとより盛り上がります。

【8人班1チーム（2班合体）で行う運動あそび例＜○○ちゃんゲーム＞】

　私のクラスでは，飼育しているウーパールーパーの形をしたぬいぐるみを使うのでウパちゃんゲームと呼んでいます。

　放射線状に4チームが並びます。鬼となった子が列の最後をぐるぐると回ります。そして，どこかのチームの列の最後

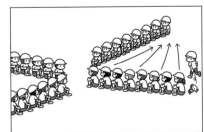

の子の背後に人形を置きます。その置かれた列のチームの全員が，周囲を一斉にぐるぐる走ります。早く到着した子から同じように1列を作って並びます。最後に到着した子が鬼となるゲームです。1時間に5回ほど行い，すべてのチームが走れるように配慮しましょう。

体つくり運動

器械運動

陸上

水泳

ボール運動

表現

6

シンプルな運動をゲーム化して 「動ける体」を育む

指導場面

　「低学年段階で基礎的運動感覚を身につけることは大切だ」。よく耳にする言葉です。なぜならば，低学年の子どもたちは，体重が軽く，腕で体を支えたり，逆さまになったりすることが容易であり，身につけた技能や感覚を生かしてその後の運動に親しむことができるためです。

　こうした「動ける体」を育てることをねらった授業づくりにおいて意識したいことは，低学年の体つくり運動の授業でよく目にする，手間のかかる準備や活動の場を広げるような難しいことをする授業ではなく，「シンプル」な学習活動，学習内容にするということです。

全員参加のためのポイント！

「だるまさんが転んだ」をゲーム化して楽しませながら，基礎的運動感覚を身につけさせましょう！

1　トリオを組み，ねらいとする動きの洗練を図る！

　4種目の運動（あざらし，くま，うさぎ，クモ／4　動物の動きで楽しく基礎感覚を育む　p.36参照）を取り上げ，3人1組でそれぞれの動きについてのコツを共有しながら，動きの洗練を図ります。

2 だるまさんが転んだゲームを様々な動きで行う！

　身に付けた動きや子どもたちが考えたバランスをとる運動，力試しの運動から動きを選択し，4種目の運動と組み合わせた動きの指示を出します。

【行い方】

①全員スタートラインに1列に並びます。

②教師は各時間に行った動きを使って課題を出します。

　（例）「ゆりかごから起きてウサギ跳び」「アンテナから起きてクマ歩き」「クモ歩き3歩・アザラシ3歩の繰り返し」等

③子どもは，教師が「だるまさんがころんだ」と言う間に課題として出された動きで移動します（この間に，教師は移動の様子を見ておき，正しくできていなかったら3歩戻し，正確に行わせます）。

④クリアーラインに到達したら，コートの外側を通ってスタートラインに戻り，繰り返します。

⑤ゲームに慣れてきたら，子どもが考えた「動き」や「組み合わせた動き」をカードに書かせ，その場で引いたカードの動きを行うなど工夫しましょう。また，教師役を子どもに任せてもよいでしょう。

※何回クリアできたかを競って楽しみます。

7

クライミングロープを使って
生き物に変身させる

| 領　域 | 体つくり運動 | 運　動 | クライミングロープ |

視点1　教材・教具・場・ルールの工夫

指導場面

　子どもたちは揺れたり，ぶら下がったりすることが大好きです。日常とは離れた動きに本能的に面白さを感じるのでしょう。子どもたちにこうしたワクワクする気持ちをもたせ，心地よい感覚を味わわせることができるのが，クライミングロープを使った運動です。

全員参加のためのポイント！

紹介した生き物をこえた，バリエーションに富んだ動きを作り出した子を積極的に称賛しましょう！

1　様々な生き物の動きを考えさせる！

　子どもたちは，ロープを使った運動をする中で，腕に力を入れて体を引き寄せる感覚や支持力，逆さ感覚，逆さになるための回転の勢いのつけ方などを自然に身につけていきます。

　まずは，ロープにつかまり，「ゆらり」と振る感じを楽しみます。ロープから5mほど離れたところに班ごと並ばせます。1人ずつ，体育館の壁側のラインをスタートにして，ロープにつかまります。落ちないように肘を曲げ，

しっかりつかまることがポイントです。肘が伸びてしまうと，足やお尻がフロアについてしまうので，なるべく上のほうを持って，肘を曲げるようにアドバイスしましょう。

　次に，「生き物に変身してみましょう」と伝え，ダンゴ虫とおサルさんを紹介します。ダンゴ虫は，振る感じで経験した，「落ちないように肘を曲げ，しっかりとつかまる」ことを意識して，10秒，そのまま我慢できたら合格とします。おサルさんは，勢いよく足を振り上げ，頭を下にします。その時に股でロープを挟み込むようにすることで，ロープがおサルさんのしっぽのように見えます。この動きで10秒我慢できたら合格です。

　この2つの生き物への変身を紹介したのち，班の仲間でロープを使った生き物を考え，変身させてみましょう。発表会をすると大いに盛り上がります。

2　クマとダンゴ虫の対決ゲームを行う！

①各班1番目の子がロープのところで壁の方を向いて合図を待ちます（距離は10m程度）。

②2番目の子がクマになり，先生が手を挙げたことを合図に手足走りでスタートします。

待っている子どもたちは先生の合図で「クマだ！」と叫びます。

③ロープのところで待っている子は他の子の叫ぶ声を聞いたらロープをよじ登ってダンゴ虫になります。

④追いかけるクマが登っている子（ダンゴ虫）の身体に触れれば，捕まったことにします。逃げきれればセーフとします。

⑤クマになった2番目の子が今度はダンゴ虫になって逃げる番になり，3番目の子がクマになるというように，ローテーションしていきます。

8

チャレンジ運動で「協力」って何？を追究させる

| 領 域 | 体つくり運動 | 運 動 | チャレンジ運動①（長縄） |

視点1　教材・教具・場・ルールの工夫　視点4　チーム性をもたせる工夫

指導場面

　子どもたちに「体育の授業で大切なことは？」と問うと「協力」という言葉が多く挙がります。しかし，学び合う上で欠かせない「協力」について体育で大切ということは理解してはいるものの，「具体的な行動」としてとらえることができる子はそこまで多くありません。

　「協力」を具体的な行動として理解し，関わりをもつことは，今後のよりよい人間関係育成に大きく影響します。チャレンジ運動は，学級経営の視点からも有効な教材です。

全員参加のためのポイント！

友達の行動や言動について，肯定的な声かけをするように意識させ，共感的な雰囲気をつくりましょう！

1　チャレンジ運動を知る！

　「チャレンジ運動」とは，アメリカのミドゥラとグローバー（2000）によって「仲間づくりプログラム」として提案された，実態に応じて取りあげた課題をグループの仲間で協力して解決していく運動です。明瞭な課題設定のもとで，その解決に向けた情報をメンバー間で出し合い，課題達成に向けた

協働的な活動やその有効性を高め合うといったプロセスを実現させることで仲間作りの成果が高まります。

　チャレンジ運動の特性としては以下の2点が挙げられます。

・体育では一部の子どものスキルの達成感だけで授業が終わってしまうことがあるが，チャレンジ運動は参加する子ども全てが成功体験を味わうことができる。
・コミュニケーション，意思決定、冒険（チャレンジ運動の実践）の中で肯定的に関わることを通して，仲間で互いに助け合ったり，依存しあったりしながら「集団達成」の喜びを生み出すことができる。

2　「協力」とは何かを考えさせる！

　始めに，「協力」とは何かを話し合い，「他者を肯定することの大切さ」に注目させます。そして，肯定する活動を通して協力の具体的な行動を探ることをテーマとします。

　長縄の運動で，全員がなわに入り，何回跳べるかをチャレンジする際，回す子や跳ぶ子の良さや課題に着目させます。

　課題を指摘する時も，「タイミングがずれているよ」ではなく，「タイミングよくなっているね。もう少しはやくすれば，もっとよくなるよ！頑張ろう！」と，下線部のような仲間との肯定的な関わりを増やすことで，運動とも肯定的な関わりが増えていきます。

9

「桂林の川下り」で
友達同士の支え合いを体感させる

領　域	体つくり運動	運　動	チャレンジ運動②

視点3　学習過程の工夫　視点4　チーム性をもたせる工夫

指導場面

　チャレンジ運動の学習指導計画を下記に示しました。毎時間2つずつのチャレンジ課題を示し，チームの仲間と「協力」して取り組ませます。

　今回は，桂林の川下り（アルファベット並び替え）を紹介します。

※第1時の「中国へジャンプ」は，「8　チャレンジ運動で『協力』って何？を追究させる　p.44」で取り上げた長縄の運動です。

第1時	第2時	第3時	第4時	第5時
○オリエンテーション	○折り返しの運動（体力を高める運動）○チャレンジ運動の確認			
○チャレンジ① 「中国へジャンプ」 （ジャンピングマシーン）	○チャレンジ②「桂林の川下り」（アルファベット並び替え） ○チャレンジ③「黄山の綱渡り」（グランドキャニオン） ○チャレンジ④「昆明の石林」（ザ・ロック） ○チャレンジ⑤「万里の長城」（壁登り） ※2時，3時はチャレンジ②③を行う。4時，5時はチャレンジ④⑤を行う。その時間のチャレンジを達成できたらチャレンジ①の自分たちの記録に挑戦する。 ○グループでの学習の振り返り ○全体での学習の振り返りとまとめ			

全員参加のためのポイント！

1時間に2つの課題を設定し，飽きさせないための学習過程の工夫を取り入れましょう！

1 「桂林の川下り」にチャレンジさせる！

<用具>

平均台，マット４枚（活動の場全体にマットをしきつめるようにします）

<開始の状態>

グループのメンバーは，背の順に平均台の上に座ります。名字，名前順に並び替えるようにします。

<課題>

メンバー全員が平均台の上で指定されたアルファベット順（名前順）に並び替わり，平均台の上に立ち上がることができたときに達成されます。

<ルール>

・課題に取り組む間，グループ全員が平均台の上にいなければなりません。
・だれかがマットや床，平均台の支柱にさわってしまったら，グループ全員が平均台からおり，もう一度やり直します。

2 支え合いを体感させる！

桂林の川下りでは，手をつないで支え合ったり，体を支え合ったりしながら，平均台の上を移動しなくては，課題を達成できません。「いいよ！いいよ！」「そこで手をひっぱってあげてね，ナイス！」肯定的な声かけが自然と体育館中に響き渡ります。

10

「黄山の綱渡り」で仲間と協働する大切さを感じさせる

| 領 域 | 体つくり運動 | 運 動 | チャレンジ運動③ |

視点2　振り返りと次時の学習課題設定の工夫　視点4　チーム性をもたせる工夫

指導場面

　黄山の綱渡りは，クライミングロープを使って，全員がスタート地点から着地地点の跳び箱へとロープにぶら下がって渡りきり，跳び箱の上に全員が立つことができたら達成されたことになる運動です。

　渡る順番やロープの使い方のコツなど，チームの仲間で思考を働かせながら，協働して取り組むことが求められます。

全員参加のためのポイント！

全員が課題達成できるように，1人のことをチーム全員で考えることのよさを伝えましょう！

1　「黄山の綱渡り」を知る！

＜用具＞

　ターザンロープ，跳び箱，マット

＜開始の状態＞

　メンバー全員が床面のスタート地点に立ちます。

<課題>

　全員がスタート地点（一方の渓谷の端）から着地地点の跳び箱（渓谷の他の端）へとロープにぶら下がって渡りきることができたら（跳び箱の上に全員が立つ）達成されたことになります。

<ルール>

・渓谷の間は，スタートラインと着地用の跳び箱の間とします。

・チームのメンバーのだれかが渓谷に触れると，その人とすでに渡りきった１人がやり直さなければなりません。

・チームのメンバーが着地用の跳び箱を跳び越えてしまったり，落ちたりした場合は，その人ともう１人がやり直します。

2　協働する姿を称賛する！

　まずは，１人ずつターザンロープを使って，向こう側の着地地点に渡れるかをやってみます。渡れる子，渡れない子がいる中で，チーム内の関わり方が大切になります。「自力で渡れる子を始めと最後にしよう」「渡れない子を中間にして，渡れた子たちが支えてあげよう」「ロープは上の方をもって，

助走をこのくらいつけたほうがいいよ」といったように，たくさんの協働する姿が見られるようになります。こうした姿をおもいっきり称賛すると，他のチームも「マネしてみよう」と思うようになり，その良さがクラス全体に広がっていきます。

11 「昆明の石林」と「万里の長城」で対話の楽しさを実感させる

| 領　域 | 体つくり運動 | 運　動 | チャレンジ運動④ |

視点2　振り返りと次時の学習課題設定の工夫　視点4　チーム性をもたせる工夫

指導場面

　チャレンジ運動では，1人で黙々と取り組んでも課題は解決できません。積極的に対話し，互いの良さや課題に気付きながら，肯定的に支え合うことで，課題達成した時に，大きな達成感を味わうことができます。ここでは，積極的な対話が生まれる「昆明の石林」と「万里の長城」というチャレンジ運動を紹介します。

全員参加のためのポイント！

「やってみる→話し合う」のスパイラルを積み重ねて，対話することのよさを全ての子どもに実感させましょう！

1 「昆明の石林」でバランスについて対話させる！

＜用具＞

20cm×60cmの箱，箱の下に敷く2枚のマット

＜開始の状態＞

箱のそばに敷いたマットの上に立ったところからチャレンジを始めます。

<課題>

　チームの全員が箱の上に乗り，「１－２－３－４－５」とゆっくり数える間，バランスをとることができたら達成とします。

<ルール>

・全員が床から離れて，箱の上にいなければなりません。

・床から離れていれば，全員が箱にさわっていなくても可とします。

・一度，箱に乗った後に，ちょっとでも床にふれれば，箱の上にだれもいない状態からもう一度やり直さなければなりません。

・チームで準備ができたら，先生に声をかけ，見てもらいます。

2　「万里の長城」で乗り越え方を対話させる！

<用具>

　大きな折りたたみ式の安全マット（壁），壁の下にしく２枚の長マット

※壁が崩れないように，安全マットの周りをロープか紐で縛ります。

<開始の状態>

　チームの仲間は壁の片側のマットの上に立つ。

<課題>

　グループ全員が壁を乗り越えれば達成されたことになる。

<ルール>

①安全マットを倒したり，結んでいる紐をつかんだりしてはいけません。

②壁を２つに分けているラインを踏み越えてはいけません。

③ルール①をやぶったら，全員がやり直します。

④ルール②をやぶったら，ルールをやぶった人とすでに壁をこえた１人がやり直します。

基礎技能を「30秒はやとびチャンピオン」で高める

領 域	体つくり運動	運 動	短なわ

視点1　教材・教具・場・ルールの工夫　視点2　振り返りと次時の学習課題設定の工夫

指導場面

　「なわとびカード」を配布して，達成できた技に先生がサインをするといったなわとびの授業を目にしますが，そこには教師行動と学び合いが見られません。

　授業の前半に準備運動の一環として，「30秒はやとびチャンピオン」を行います。そこで，様々ななわとびの技を紹介し，コツをみんなで話し合う時間をつくります。この活動を毎時間積み上げていくことで，技術を学び，体でポイントを確かめながら，全ての子どもが技能を高めていくことができます。

全員参加のためのポイント！

毎時間の導入で，「30秒はやとびチャンピオン」を行い，技のポイントを押さえ，全員の運動量の確保と技能向上を図りましょう！

1　技のポイントを理解させる！

　授業の導入で，毎時間1つずつ技のポイントを取り上げます。「今日は，あや跳びを紹介します。できる人いますか？」「○○さんのあや跳びはとても上手だったけれど，どこがよかったと思いますか？」等のように問います。

「リズムが１，２，１，２と一定でした」「腕がしっかりクロスされていて，大きな輪ができていたよ」「肘と肘がぶつかるくらい大きくクロスしてたよね」等の言葉を引き出し，リズムや腕の交差の仕方など，ポイントをしっかり確認し，５分程度，個人で練習する時間をつくります。できるようになった子は近くの子に教えにいくよう伝えます。

2 30秒はやとびチャンピオンをする！

技の紹介と５分間練習が終わったら，30秒はやとびチャンピオンをします。ルールは，30秒で何回跳べたかを数え，一番回数の多い子がチャンピオンです。ひっかかってしまった場合は，回数にいれません。

はじめに「前とびの30秒はやとびチャンピオン」を必ず行います。ウォーミングアップとしての効果があるだけでなく，短なわの基本動作でもある「グリップを腰の横に構えて，脇を閉めて手首を中心に回旋する」技術を定着させることができます。70回以上跳べた子は二重跳びができる基準になることを伝え，30秒間70回を目指すよう促します。

次に，本時で学んだ技の「30秒はやとびチャンピオン」を行います。最後に前時に行った技の「30秒はやとびチャンピオン」を行います。毎時間，それぞれ何回跳べたかをカードに記録させ，伸びを自分自身で実感できるようにさせましょう。このように技の学習をスパイラルに積み重ねていくことによって，導入の10分間が効果的かつ価値ある時間となります。

13 生き残りで競い合い,楽しく体力を高める

視点1　教材・教具・場・ルールの工夫

指導場面

　なわとび運動は,短時間で体をあたためることができ,さらに体力向上にも効果的な運動です。しかし,体力向上を意識しすぎると,トレーニングのような授業になってしまいます。

　ここでは,「生き残り」というなわとび運動を紹介し,毎時間,数分間行うことを通して,楽しみながら体力を高めることを目指します。

全員参加のためのポイント!

できるようになった技で,連続で何分間跳んでいられるかを競い合わせ,全員が楽しく挑戦できるようにしましょう!

1　できるようになった技で「生き残り」に挑戦させる!

　前とびで行うことを基本とし,できるようになった技(全員が共通の技)で何分間跳んでいられるかを競います。一番長く跳んでいられた子がチャンピオンとなり,クラスの最高記録更新を目指すように,毎時間,授業前半に取り組むと良いでしょう。

　前とび生き残りの場合は,1回旋1跳躍で行いますが,低学年などは実態に応じて,はじめのうちは1回旋2跳躍を認めます。

　長く跳べる子は３分，４分，５分と記録を更新できますが，待っている子どもが退屈になってしまうデメリットもあるので，最高記録を２分とし，２分達成できた子すべてをチャンピオンにするという方法もあります。

　計時は電光掲示板，もしくは教師がストップウォッチで行います。

2　「復活」を取り入れる！

　「生き残り」では，ひっかかってしまったら，その場に座って応援するというルールですが，10秒以内にひっかかってしまう子どももいます。このように早くにひっかかってしまった子どものために復活ルールを設けます。30秒以内にひっかかってしまった場合は，一度だけ復活してもよいことにします。但し，チャンピオンにはなれないので，自己記録の更新を目指しての参加となることはあらかじめ伝えておきます。

3　いろいろな技で生き残りに挑戦させる！

　子どもたちには得意，不得意な技があります。同じ技だけで行うと，チャンピオンが固定されてしまいます。しかし，いろいろな技で行うことで，「前とびはダメだったけれど，後ろとびはがんばるぞ！」とやる気を促すことにもつながります。

　また，個人で練習する時間もしっかりつくります。できるようになった子は近くの子に教えにいくよう伝えます。

視点1　教材・教具・場・ルールの工夫　視点3　学習過程の工夫
視点4　チーム性をもたせる工夫

指導場面

　前とび，後ろとび，交差とび，あやとびなどのできるようになった短なわの技と長縄を組み合わせて跳ぶ動きを示し，「やってみたい」という興味関心を高めます。一見，簡単そうですが，回す子と跳ぶ子のリズムが合わなければ跳べないので，自然と協力・協調の姿が見られるようになります。

全員参加のためのポイント！

回旋する長縄の中で短なわとびをする運動を通して，相手のために長縄を回してあげることの良さに気付かせましょう！

1　長縄を回す子の重要性に気付かせる！

　「AさんとBさんが長縄を回して，Cさんがその中で前とびをしてみてください」と言って，3人の子どもたちに手伝ってもらい，短なわと長縄の組み合わせの動きを説明します。
①跳ぶ人は長縄の真ん中に立ちます。
②前とびは，長縄の前に立ちます。
③長縄を回す人は回し始めるときに声をかけます。

その後，4人グループを作り，一人10回連続で跳ぶことを目標に取り組ませます。しばらくした後，上手なチームに10回連続を示範してもらいます。その動きを通して，「跳ぶ子のリズムに長縄のスピードを合わせている」ことに気付かせます。同時に，「跳ぶ子が長縄のリズムに合わせている」動きを教師がやってみせ，上手くいかない理由に気付かせるとよいでしょう。このように子どもたちの「見る」力を養うことは，全員参加の授業づくりに欠かせません。

2 様々な技に挑戦させ，得点化する！

前とび以外のこれまでに取り組んできた技（後ろとび，交差とび，あやとび，そくしんとび，二重とびなど）に挑戦させます。

1つの技で1回跳べたら1点とし，10回跳べたら10点とします。1つの技の最大得点は10点とします。例えば，前とびで12回跳べたら10点，次に交差とびで4回跳べたら4点，あやとびで5回跳べたら5点，合計得点は19点というように，得点化します。

途中，子どもたちを集め，回す子がどこを見ているのかを指示します。

「○○さんはどこを見て回してたの？それはどうして？」

「○○くんの足もとです。跳んでいるリズムがわかるからです」

ポイント学習の後，跳んでいる子も回す子も一体となって，取り組めるように，チームの合計点を記録することを伝えます。そうすることによって，「する・みる・支える・知る」の視点が育まれます。

15

できるなわとびの技だけで構成を考えさせる

| 領　域 | 体つくり運動 | 運　動 | チームなわとび② |

視点3　学習過程の工夫　視点4　チーム性をもたせる工夫

指導場面

　なわとびの学習の面白さを広める手立てとして，チームで取り組むことが挙げられます。チームでなわとびに取り組むことによって，短なわと長縄を組み合わせたり，1本の短なわを使い，2人で跳び方の工夫をしたりすることができます。また，流行の曲のリズムに乗せて，工夫した技のバリエーションを増やし，演技を構成することもできます。

　1人では気付かなかったり，あきらめたりすることも，チームで学ぶことで新たな発見をしたり，継続できたりなど，お互いを高めあうことができます。

全員参加のためのポイント！

できるようになった技をもとに様々な組み合わせの演技を考えさせ，全ての子どもが楽しく参加できる場にしましょう！

1　2人とびの発明をさせる！

　「2人で新しい跳び方を発明してみよう！」と投げかけます。そして，誰もが取り組めそうなモデルの技を示します。

　ペアの子2人に前に出てもらい，1本の短なわを渡します。2人になわの

片側のグリップを持たせ，もう２人に残ったグリップを持つように指示します。Ａが前とびで跳び，Ｂが跳ぶのに合わせて持っているグリップを回します。

　10回跳び終わったら，別の跳び方を考えるように促します。

　次の時間には，１本のなわだけでなく，２本のなわを使っての跳び方の工夫についても取り上げます。１本のなわで様々な跳び方を工夫した子どもたちは，様々な跳び方を考えます。人数やなわの数を増やし，バリエーションを広げることを認めると，この後のチームなわとびの演技構成が豊かになります。

2 チームなわとびに挑戦させる！

　６人〜８人程度でチームを作り，できるようになった短なわ・長縄の技，短なわ・長縄の組み合わせた技（p.56）や２人跳びで構成を考え，クラス全体で決めた曲（体育館でリピート再生しておく）に合わせて演技の練習を

します。単元最後は，発表会（休み時間などに全校児童を集めることも可）をすることを伝えます。目標をもたせると全ての子どもの意欲がさらに高まります。

16

2つの学習カードをセットで使い 学習意欲をキープする

| 領　域 | 体つくり運動 | 運　動 | 体つくり運動全般 |

視点2　振り返りと次時の学習課題設定の工夫

指導場面

　体つくり運動の「器具・用具を使った運動（遊び）」として，なわとびや竹馬は定番です。これらの運動では，子どもたちにカードが配られ，何級（名人）を目指そうというめあてをもたせて取り組ませることが多いと思います。

　カードをつくり，めあてをもたせて取り組ませることは，意欲向上にもつながり，賛成ですが，単発での取り組みは意欲を減退させてしまう恐れがあります。そこで，2つのカードを併用するアイデアを紹介します。

全員参加のためのポイント！

2つのカードには関所となる級を設け，「ペアで確認→担任チェック」の流れをつくって全ての子の意欲を保ちましょう！

1　2つのカードを併用する！

　なわとびカードと竹馬カードをつくり，2枚のカードを配布します。クラスを半分に分けて，前半にAグループはなわとび，Bグループは竹馬を行い，後半にAグループは竹馬，Bグループはなわとびを行います。

　これらのカードだけで授業を進めるのではなく，技のポイント学習や基礎技能・体力の向上を目指した授業づくり（12，13，14参照）を取り入れながらカードを活用することが大切です。

2　関所をつくり，学び合いを促す！

　なわとびカードや竹馬カードでは，個人で進めるところと，ペアで見合うところ，担任がかかわるところをつくり，学び合いの場を保障することが大切です。

　ペアで見合う・担任がかかわるところを「関所」と呼び，「関所」を通過できれば，次のステップに進めるようにします。例えば，右図のなわとびカードの12級では「交差とび・あやとび10回（前）」とありますが，ここを関所に設定します。ペアの友達に合格をもらった後に，担任の前で技を行い，合格できたらサインをもらい11級に進む，というようにルール化します。こうすることによって，必然的にペアでアドバイスをし合うようになるとともに，担任が一人ひとりの技の

なわとび進級表（中学年）

その１　　　※連続技は5回ずつ　　　年　組　名前

級	種　　　　　目	合格
15	両足とび１０回（前）	
14	両足とび１０回（後）	
13	両足とび（前）〜かけあしとび（前）　１０回	
12 [関所]	交差とび・あやとび１０回（前）	
11	そくしんとび１０回（前）	
10 [関所]	両足とび（前）〜あやとび（前）〜交差とび（前）〜そくしんとび（前）	
9	交差とび・あやとび１０回（後）	

竹馬進級表

級	内容	
１０	前３歩	
９	前１０歩	
８［関所］	前３０歩	
７	前５０歩	
６	カニ歩き３０歩	
５	バック１０歩	
４［関所］	バック３０歩	ニンニン♪
３［関所］	円の中からはみ出ないで３０秒静止	

できばえや取り組みを確認することができます。

17 準備・片付けを得点化する

| 領　域 | 器械運動 | 運　動 | 器械運動全般 |

視点1　教材・教具・場・ルールの工夫

指導場面

　跳び箱運動やマット運動では，準備や片付けに時間がかかり，活動時間が少なくなってしまうことがあります。得点化することで，みんなで協力して3分程度で準備も片付けもできるようになります。

全員参加のためのポイント！

準備と片付けのタイムを計り，最初のタイムからの伸びタイムを得点化して，どれだけ早くできるようになったかを視覚化しましょう！

1　準備・片付けのルールを確認する！

＜跳び箱の運び方＞

・2人で1番上の段を運びます。

・残りの段を2人で運びます。

・台車は跳び箱を置いた近くの壁側に丁寧に置いておきます。

・最後に，踏み切り板，木箱，マットを協力して運びます。

＜マットの運び方＞

・マットは2人以上で引きずらないように運びます。

・片付ける際は，マットの向きを揃えて，きれいに置くことを徹底します。

＜共通＞

・跳び箱やマットを置く場所に印をつけておくことで，その場にすぐに置くことができます。

2 毎時間タイムを計り，伸び得点を記録する！

　準備と片付けの際，それぞれで時間を計ります。初めて準備する際は，とても時間がかかります。この時間を短くできれば，運動する時間が増えることを子どもたちに伝え，やる気を促します。

　初めての準備の時間が5分かかったとします。このタイムを基準にして，次時以降のタイムを得点化します（15秒縮まれば1点）。例えば，2時間目では，4分30秒に縮まったとします。30秒縮まったので，2点獲得となります。3時間目は4分だったとすれば，1分縮まっているので4点獲得です（毎時間，1時間目と比較します）。

	第1時	第2時	点	第3時	点	第4時…	点	第8時	点
準備	5分	4分30秒	2	4分	4	3分40秒			
片付け	4分30秒	4分10秒	1	3分45秒	3	3分30秒			
合計	基準＝15秒1点	3点		7点		9点			

　単元終了時に，準備と片付けの合計得点50点を目指そうなどの目標をもたせれば，ゲーム感覚で楽しみながら，準備・片付けに全員で協力して取り組むことができるようになります。

領　域	器械運動	運　動	跳び箱

視点1　教材・教具・場・ルールの工夫

指導場面

　教師や係の子どもが前に出て，「膝の屈伸をします。1，2，3，4」といった形態で行われる準備運動は，一般的です。このような準備運動を行う授業者に「準備運動は何のために行うのか？」と問えば，「けがをさせないため」と返答するでしょう。けが防止のために行うことはもちろん大切ですが，「心と体を主運動に向かわせること」も準備運動の大切な役割です。ここでは，3つのアイデアを紹介します。

全員参加のためのポイント！

心と体を主運動に向かわせるために，主運動に関連させた準備運動を提示し，全員が目的をもてるようにしましょう！

1　馬跳びで主運動につなぐ！

　まずペアになります。ペアは背の順で決めます（p.30参照）。次にペアで馬をつくり30秒間馬跳びをして回数を数えます。上下を交代して，同様に30秒間馬跳びをします。

　慣れてきたら，少しアレンジを加え，跳ん

だ後，馬の子の股をくぐることを1回とカウントして行わせると更に盛り上がります。

2　用意したらまず，「とび下り」「またぎ越し」をする！

　跳び箱を準備した後，班ごと1列に並び，順番に「とび下り」を行います。「踏み切りを強く」「手を遠くにしっかりついて，跳び箱に跳びのる」「着地は膝を曲げて3秒静止」を意識させて，1人3回ずつ行います。

　次に，「またぎ越し」を1人3回ずつ行います。「踏み切りを強く」「手を遠くについて，またぐ」「さらに奥に手をついてまたぎ越す」「膝をまげて3秒静止」を意識させます。

3　○○塾をつくってたくさんの場を経験させる！

　様々な場を準備し，自分の今もっている力に応じて挑戦できるようにします。たくさんの場を経験するよう促し，楽しみながら基礎感覚を養わせます。

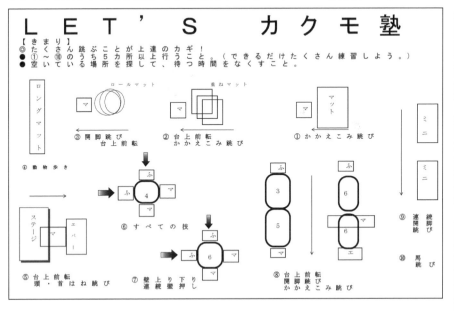

19

良いゴールイメージと，チーム性による必要感をもたせる

視点1　教材・教具・場・ルールの工夫　視点4　チーム性をもたせる工夫

指導場面

　単発の技の学習では，「なぜその技をできるようにならないといけないのか」「できなくたっていいのに…」と思っている子が，少なからず各学級に数名はいます。ここでは，「技ができるようになりたい！」と思える跳び箱学習「チーム跳び箱」の授業づくりを5回に渡って紹介します。

全員参加のためのポイント！

チーム跳び箱発表会の映像を見せ，「すごいな！」「やってみたい！」「できるようになりたい！」といった良いイメージをもたせましょう！

1　チーム跳び箱とは何かを知る！

　チーム跳び箱とは，個人を生かした集団を表現できる楽しさがあり，個人のできる技を生かして，チームとして1つの演技を創り上げていく跳び箱運動を通した集団演技です。チーム跳び箱の特性として以下の4つが挙げられます。

・技を美しくする意識が自然と生まれる。
・友達の技に関心をもつようになる。

・体ほぐし運動の要素を取り入れることができる。

・短い時間の発表会の中で「集団の勢い」を表現できる。

2 なぜチーム跳び箱なのか？

「この技をできるようになりたい」と児童が必要感をもって学びを深められるような跳び箱運動学習への仕掛けとして，「チーム跳び箱」の単元構成は有効です。

集団化する意義は，楽しみ方の拡大や集団内の個々が互いに刺激し合い，個人では思いつかないようなアイデアが生まれたり，個人ではできなったことをチームワークで可能にしたりするところにあります。また，個人レベルでできる運動でも集団で演技するとなると，自分の身体操作を友達の動きに合わせるといった新たな課題が生じます。演技をグループで考えたり高め合ったりしながら味わう集団的な達成感は，個人では味わえない，チーム跳び箱の特性と言え，この感覚が全員参加の保障につながります。

3 「踏切・着手・空中姿勢・着地」大切さに気付かせる！

子どもたちの多くは，「ぼく，８段跳べるようになりたい！」など，段数に拘る傾向があります。跳び箱運動で大切にしたのは，段数よりも「美しさ」です。８段をやっと跳べた開脚跳びと６段を美しく跳べた開脚跳びを見比べさせます。そして，その美しさは「踏切・着手・空中姿勢・着地」の美しさにあることに気付かせます。高さを伴うと，「美しさ」に着目しづらくなるため，小学校段階では「６段」を最高段として設定し，６段を美しく跳ぶことを目指しましょう。

20

技のポイントを共有して，グループの活動を活性化する

領　域	器械運動		運　動	チーム跳び箱②

視点2　振り返りと次時の学習課題設定の工夫　視点4　チーム性をもたせる工夫

指導場面

　チーム跳び箱の学習は，1単元8時間程度で行います。前半3時間は，技のポイント学習を行い，後半4時間は，技のポイント学習とチーム練習を半々で行います。技のポイント学習は，前半は，「開脚跳び」「かかえ込み跳び」「台上前転」「首（頭）はね跳び」を取り上げ，後半は自分のめあてに応じて選択させて行います。

1	2	3	4・5・6・7	8
【オリエンテーション】・準備運動をする・感覚づくりを行う・場の作り方を知り，準備する・技調べを行う【開脚跳び・かかえ込み跳び・台上前転】※学習の進め方を知る。（めあてをもつ，技の必要感をもつ）	・本時のめあての確認，場の準備・感覚を養う補助運動			チームの学習
	・共通技の学習1【切り返し系①開脚跳び等】・共通技の学習2【切り返し系②かかえ込み跳び等】	・共通技の学習3【回転系：台上前転・首はね跳び等】	・選択技の学習【自分のめあての達成にむけて取り組む】・チームの学習【グループで場の作り方や演技の構成・表現方法について話し合いチーム跳び箱に取り組む】	・チーム跳び箱発表会※採点の基準◆個人技のできばえ（ふみきり，空中動作，着地）◆創意工夫（構成・実施）◆決めのポーズ
・学習の振り返りをする				

全員参加のためのポイント！

技のポイント学習では，見る視点を決め，技のポイントを共有し，グループ全員で見合いながら学習を進めましょう！

1　学習課題提示と振り返り場面で,技のポイントを共有する!

すべての技の共通のポイントは,「強い踏切」「手のつき方・つく位置」「着地で3秒静止」です。どの技においても,技の完成形の絶対条件として,この3つをクリアすることをはじめに示します。

技のポイントについては,下記のように示します。これらのポイントを授業中に上手に跳べている子を見つけ,その子に示範してもらいます。その子の良いところをもとに,技のポイントを共有させます。学習課題提示場面と振り返り場面で両方取り上げることで,技のポイントが知として獲得され,見る視点が明確になります。

開脚とびステップカード
【技のポイント】
- 両足でふみきる
- あしを高く上げる
- 両手で手をつく
- 両手で強くつき放す
- ひざを曲げてピタリと止める

台上前転ステップカード
【技のポイント】
- ふみ切りでひざをのばす
- 腰を高く上げる
- ひざを曲げてピタリと止まる

2　見合う学習では「見る位置」と「視点」を明確にする!

跳び箱運動の学習では,見る位置と視点を明確にしてあげましょう。①の位置の子は,「踏切」,②の位置の子は「着手」,③の位置の子は「空中姿勢」,④の位置の子は「着地」のように,見る位置によって視点を決めてあげます。そうすると,跳んだ子は何が良くて,何が課題なのかを,友達から教えてもらうことができ,必要感を伴った練習に取り組むことができます。

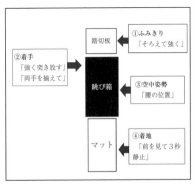

- ②着手「強く突き放す」「両手を揃えて」
- 踏切板
- ①ふみきり「そろえて強く」
- 跳び箱
- ③空中姿勢「腰の位置」
- マット
- ④着地「前を見て3秒静止」

21

技の課題別練習は
個人の必要感を重視して設定する

| 領 域 | 器械運動 | 運 動 | チーム跳び箱③ |

視点2　振り返りと次時の学習課題設定の工夫　視点4　チーム性をもたせる工夫

指導場面

　全員の技能の向上を図るためには，適切なめあて（必要感）をもって取り組むことが大切です。適切なめあてをもたずに，「なんとなく」や「友達がいるから」といった理由で場を選択し，練習しても技能は高まらないし，跳び箱運動が嫌いになってしまう可能性もあります。

　適切なめあてをもって練習に取り組めるようにする工夫を紹介します。

全員参加のためのポイント！

一人ひとりのめあてを適切に把握し，個人の必要感に対応できるようなスモールステップを意識した場をつくりましょう！

1　一人ひとりの適切なめあてを把握する！

　毎時間終了後に，ステップカード（右図）を見て，どの技のどこのステップの場で練習したいかを選択し，めあて表に書き込めるようにします。一人ひとりが，どの場でどのような技に挑戦しようとしているのか，授業前に把握することで，事前に適切な場に誘導することができますし，本時の指導にも生かす

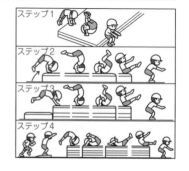

ことができます。また，個人カードにも，ステップカードを見ながら，選択した技のポイントを記入させます。そうすることによって，次時に自分が行う技について，何を意識して取り組むのか，はっきりさせることができるので効果的です。

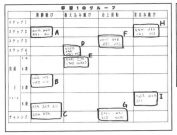

めあて表

個人カード

2　スモールステップを意識した多様な場を設定する！

　前時が終わった後に子どもたちが記入した，上図左のめあて表をもとに，一人ひとりのめあてに対応できるようなスモールステップを意識した場をつくります。4人程度の同質のグループをつくり，お互いにアドバイスできるようにします。同質集団のよさは，同じめあてをもっていることや技のコツを共有できることから，友達の動きを自分ごととして考えることができ，対話が自発的に生まれるところにあります。

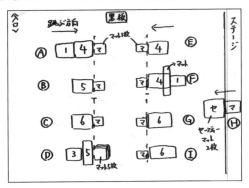

22 できる跳び箱の技だけで演技の構成を考えさせる

領域	器械運動	運動	チーム跳び箱④

視点2　振り返りと次時の学習課題設定の工夫　視点3　学習過程の工夫

指導場面

　個人の必要感に応じた課題別練習の後，授業後半は，チームになり，「チーム跳び箱」の練習をします。「チーム跳び箱」で活用したいという思いをもって取り組んできた技の練習を通して，できるようになった技やもう少しでできそうな技があります。これらの技を活用した「チーム跳び箱」の構成を考える際の視点を提示します。

全員参加のためのポイント！

できるようになった技が１つでも，様々な構成の工夫があることを伝え，チームに貢献することの楽しさを感じさせましょう！

1 構成の３つの観点を示す！

　「構成を考えましょう」と指示しても，子どもたちは，何をどのように考えたらよいかわかりません。そこで，話し合いの視点は，「構成の創意工夫」とし，３つの観点を示します。その際，単元はじめに，ゴールイメージをもたせるために見せた「チーム跳び箱発表会」を視聴し，下記に示す３つの観点が

どのようなものかを理解させます。

<構成の３つの観点＞
・場の設定，回る方向，シンクロ等（空間構成）
・演技の順番，リズム，タイミング・時間差・速さ等（時間構成）
・技のできばえ，種類，ポーズ等（技術構成）

2 学習カードを活用して，対話を活性化させる！

対話を活性化させるには，学習カードが有効です。学習カードを真ん中に置き，チームの仲間一人ひとりがどのような技ができるようになり，もう少しでできそうな技は何かを，顔をつきあわせて考えさせることで，一体感が生まれます。

構成を考える段階で，「○○さんがもう少しでできそうなかかえ込み跳びができたら，○○くんとシンクロできるよ。がんばろう！」と声かけがあれば，○○さんは必然的に「かかえ込み跳びできるようにがんばろう！」と思えますし，友達のア

ドバイスを真剣に聞くようになります。また「○○くん，もっと膝を伸ばせるようになれば，大きさを表現できるよ」など，友達の動きを自分ごととして考え，積極的にチームの仲間へ気付きを伝えることができるようになります。

領 域	器械運動	運 動	チーム跳び箱⑤

視点3　学習過程の工夫　視点4　チーム性をもたせる工夫

指導場面

　チーム跳び箱①〜④までの「全員参加のための指導のポイント」を段階的に指導した後，単元後半はチーム跳び箱に挑戦します。技が1つだけでも，シンクロや交差，時間差を活用すれば，様々なバリエーションを考えることができるため，全員が意欲を高くもち，チーム跳び箱の演技づくりに向かっていきます。

全員参加のためのポイント！

できるようになった技で，シンクロ，交差，時間差のタイミングを確認しながら練習し，美しく・大きく，テーマを意識しながら全員が必要感をもって演技できるようにしましょう。

1　テーマを意識させる！

　チーム跳び箱では，テーマを意識させると，何のためにシンクロや交差，時間差を取り入れるのか，タイミングを合わせるのかについて，実感を伴った練習に取り組むことができます。

　テーマの案としては，「花火」「海」「噴火」などが挙げられます。「花火」をテーマにしたチームは，「踏切の強弱」で花火の音を表現したり，「交差や

時間差」で打ち上げ花火を表現できたりします。「海」をテーマにしたチームは，シンクロや時間差で「波の動き」を表現できます。

このように，テーマに合わせて，「それぞれの技×シンクロ，交差，時間差」のバリエーションを考えられるため，様々な表現方法が生み出されるようになります。

2 跳び箱2～3つを活用して，場を自由に考えさせる！

1チームに跳び箱は2～3つ与えます。跳び箱をどのように置くかは，各チームに考えさせることで意欲が高まります。横に平行に置くことが基本となりますが，少しずらしたり，置く距離を変えたり，テーマに応じて自由な発想を認めてあげましょう。

単元最後は，発表会をしましょう。テーマとアピールポイントを発表し，実際に演技をすると，見ている子どもたちの鑑賞の視点になります。

領　域	器械運動	運　動	マット運動

視点1　教材・教具・場・ルールの工夫

指導場面

　準備運動は主運動につながる運動を取り上げることが大切です。主運動に関係ある動きを毎時間積み重ねることによって，全ての子どもの基礎的な運動感覚が養われるからです。

　体育館に到着したら，グループの仲間とマットを準備し，準備運動に進んで取り組めるように学習環境を整えます。

全員参加のためのポイント！

一つひとつの動きにどのような意味があるのかを伝え，導入時に丁寧に取り組むようにさせましょう！

1　正しい運動の行い方とその意味を示す！

(1)ブリッジ：【手のつき方と押し上げ→後転につながる】

声掛け：「しゃがんだ状態で，耳の横で手の平をパーで開き，そのまま後ろに手をつきます。グッと手を押し上げよう。後転の動きにつながります」

(2)肩倒立（アンテナ）からの起き上がり：【腰角の広がりと勢い】

声掛け：「つま先を天井に届くようにピンと伸ばし，グッと腰を持ち上げよう。3秒静止した後，勢いをつけて，かかとをお尻に強くつけるように立ち

上がります。そのとき，手は前に出します。腰角が広がると勢いがつきます」

(3)肩倒立（アンテナ）からの開脚：【勢いを利用した手の押し→前転】

声掛け：「(2)のポイントを意識して，勢いよく回転した後，起き上がる時に，ももの付け根に手を置いて，マットをポンと押します。足がマットにつくと同時に足を開きます。ひざを伸ばすように意識しましょう。同時にマットをポンと押す時に，グイッと肩を前に出すようにします」

※発展→肩倒立からの伸膝：「スピード＋胸をグイッとだしてごらん」

(4)ゆりかご５回後，後ろ側に転がる：【勢いをつけて後ろ回り→後転】

声掛け：「４回までのゆりかごでしっかり勢いをつけて，５回目の時に，お尻を遠くについて，マットをしっかり手の平で押します。足の裏をついて立ちましょう。上手く頭が抜けない場合は，坂道で練習してみましょう」

※発展→ゆりかごからの伸膝後ろ回り：「立ち上がる時に，足がなるべく頭の近くになるようにしましょう」

(5)川とび：【手と足のつき方のリズム→側方倒立回転】

ポイント：「横向きのマットを右手・左手・左足・右足（１・２・３・４）のリズムでとび越えてみよう。（右足を前に出して始める場合）」

※発展：「一本の線の上でやってみよう」

2　準備運動はルーティーン化する！

　毎時間，体育館に到着したら，マットをすぐに準備し，チームごと上に示した(1)〜(5)の運動を１人３回ずつ行ってから，集合するようにします。全員が準備運動の意味を理解しているので，効果的に基礎感覚を養えます。

曲のリズムと技を組み合わせた
ゴールイメージをもたせる

領　域	器械運動	運　動	チームマット①

視点1　教材・教具・場・ルールの工夫　視点4　チーム性をもたせる工夫

指導場面

　チームマットの授業構想について，4回に渡って紹介します。

　チームマットの授業づくりでは，まず始めに，完成形（ゴールイメージ）をもたせることが必要です。曲のリズムに合わせて，一つひとつの大きく美しい技の組み合わせに引き込ませます。「あの技ができるようになりたい！」「曲に合わせて技をしていて，かっこいいな！」このような感想をもたせることができれば，オリエンテーションとしては，大成功です。

全員参加のためのポイント！

単元のゴールイメージを示し，そこに辿り着くまでの単元の大まかな流れとポイントを示しましょう！

1　チームマットを取り上げる理由を考える！

　私は以前，マット運動の学習において，前転，後転，側方倒立回転などの技を中心に学び，連続技の発表会をまとめとした授業実践を行っていました。器械運動で大切とされる，「できる・わかる」ことを中心にした一般的な授業づくりです。しかしながら，「なぜ，その技ができるようにならないとい

けないのか」と必要感を強くもった子どもの姿は見られませんでした。授業で技ができるようになったとしても，技の意味を実感できなければ，授業に参加していてもマット運動の学びの世界には参加していない，ということを強く感じました。

　こうした従来のマット運動授業への批判的思考から，子どもたちが「必要感」をもって取り組める「チームマット」へと発想を転換させました。

2　チームマットの特性を考える！

　集団化する意義は，楽しみ方の拡大や集団内の個々が互いに刺激し合い，個人では思いつかないようなアイデアが生まれたり，個人ではできなったことをチームワークで可能にしたりするところにあります。また，個人レベルでできる運動でも集団で演技するとなると，自分の身体操作を友達の動きに合わせるといった新たな課題が生じます。友達のペースを考えるとともに技のポイントを深く意識して取り組むことを通して，一層の運動習熟を図ることができるほか，演技をグループで考えたり高め合ったりしながら味わう集団的な達成感は，個人では味わえないものです。

3　チームマットのゴールイメージを示す！

　チームマットの実践事例の映像を視聴し，「8カウントのリズムに合わせて，チームの仲間が一体となった動き」と「一つひとつの技の完成度の高さ」を示します。このように，「良いイメージ」をもつことは，頭と体をつなぐ作業をする上で，大切な要素となります。

26 学習カードで技のポイントを確認させ，脳と体をつなげる

領　域	器械運動	運　動	チームマット②

視点2　振り返りと次時の学習課題設定の工夫　視点4　チーム性をもたせる工夫

指導場面

　「25　曲のリズムと技を組み合わせたゴールイメージをもたせる p.78」で示したように「あの技ができるようになりたい！」と興味関心をもたせた後に，一つひとつの技の学習に取り組んでいきます。

　毎時間，教師が技のポイントを伝え，練習する授業では，トレーニングになってしまい，子どもたちはマット運動から離れてしまいます。そうならないためにも，主体的な学習への取り組みが求められます。

　今回紹介するのは，単元計画の第2・3時にあたる授業づくりです。

全員参加のためのポイント！

今回取り組む技のポイントを前日までに頭で整理させた後，体を使って取り組み，授業の終末でもう一度，振り返りをさせましょう！

1　単元計画を示し，ゴールまでの流れを示す！

　「何のために，今日，この技に取り組むのか？」という問いに対して，「チームマットの発表会で，この技を取り入れて演技したいから」と答える子どもがいたとしたら，そこには，技への明確な必要感が生まれていると言えます。ゴールを提示して必要感をもって毎時間の学習に取り組ませることこそ

が，「できる」と「わかる」をつなぐ上で，大切な要件となります。

回	1	2	3	4・5・6・7	8
学習内容	【オリエンテーション】 ○学習の進め方を知る。 ○感覚づくりの運動をする。 ○場づくりをする。 ○技調べを行う。【前転系，後転系，倒立・倒立回転系】 ※学習の進め方を知る（めあてをもつ，技の必要感をもつ）。	○本時のめあての確認，場の準備をする。 ○感覚を養う補助運動を行う。			
		○共通技の学習1【前転系：大きな前転，開脚前転】 ○共通技の学習2【後転系：大きな後転，開脚後転，伸膝後転】 ※異質グループで行う	○共通技の学習3【倒立系：倒立，倒立前転】 ○共通技の学習4【倒立回転系：側方倒立回転】 ※異質グループで行う	○選択技の学習【自分のめあての達成に向けて取り組む】 ※同質グループで行う ○チームの学習【グループで場の作り方や演技の構成・表現方法について話し合い，チームマットに取り組む】【チーム全体で個々の技のできばえや完成度に目を向けるようにする】	○チームの学習 ○チームマット発表会をする。
	・学習の振り返りをする				

2　学習カードの使い方を工夫する！

　「できる」と「わかる」をつなげるには，学習カードの工夫と有効活用が必要です。本時（図の第3時）で取り組む技について，前時（図の第2時）の学習の振り返りの時に，配布したステップカードを見て，技のポイント（倒立前転，側方倒立回転）を個人の学習カードに記入させます。

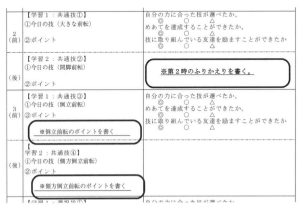

27

目的意識をもたせて技と場を選択させる

| 領域 | 器械運動 | | 運動 | チームマット③ |

視点2　振り返りと次時の学習課題設定の工夫　視点3　学習過程の工夫

指導場面

　クラス全体で共通の技を学んだ後は，個人でもっとやってみたい技や深めたい技に挑戦する時間をつくります。

　授業前半は，個の必要感に応じた技と場を選択させ，主体性を大切にしながら学習をすすめます。後半は，チームで集まり，チームで演技の練習をするようにします。

全員参加のためのポイント！

「チームマットで使ってみたい！」という目的意識をもたせて，技と場を選択させましょう！

1　取り組む技に目的意識をもたせる！

　なんとなく，開脚前転を練習するのではなく，目的意識をもたせることが全員参加のポイントです。チームマットを単元として取りあげると，「何のために」が「チームマットで良い演技をするため」と明確な目的意識をもてるようになります。チームマットの演技で，「みんなで足を開いて立ち上がる場面で，美しさ

を表現したい」という話し合いがなされたならば，その子にとっては，「開脚前転で膝を伸ばして立ち上がる」ことが目標となり，そのために「回転スピード」や「手の押し方やタイミング」などが技のポイントとして共有され，学び合いながら取り組む姿が想像されます。

2 主体的・対話的で深い学びを意識する！

＜主体的＞

授業前半は，右図のような場を設定し，自分のめあてに応じた場を選択し（右下表），技の練習に取り組ませます。

＜対話的＞

同じめあてをもった子どもたち同士でグループを形成するため，技のコツについて必要感をもって伝え合うことができます。

＜深い学び＞

個人のめあてに応じた練習の後，授業後半は，チームになり，構成（技術・空間・時間）について話し合い，練習します。「チームのために側方倒立回転をできるようになりたい」，「もっと膝を伸ばせるようになれば，大きさを表現できそうだ」など深い学びへと向かっていきます。

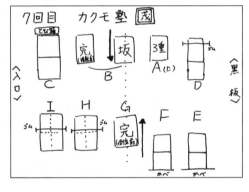

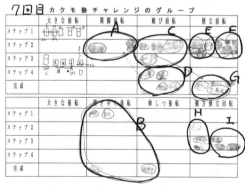

28

できるマットの技だけで演技の構成を考えさせる

| 領域 | 器械運動 | 運動 | チームマット④ |

視点2　振り返りと次時の学習課題設定の工夫　視点3　チーム性をもたせる工夫

指導場面

　チームマットの単元では，チームの仲間と共感的に関わり合うことが求められます。「誰がどのような技をできるのか，もう少しでできそうな技は何か，それらの技を生かして，どのような演技を創り上げるのか」，チームの仲間一人ひとりの良さを大切にして，チームマットの構成を考えさせます。「まずはやってみる→振り返り→修正→実践」を積み重ねて，よりよい演技づくりを目指します。

全員参加のためのポイント！

一人ひとりの良さを大切にして，「できる技」「できそうな技」で演技を考えさせましょう！

1　学び合いの場を保障する！

　チームの時間では，「演技構成の時間」と「練習の時間」を分けるようにします。

　「演技構成の時間」では，話し合いの視点を示し，「空間構成・時間構成・技術構成」の3観点について相談しながら練習します。

　「練習の時間」では，チームで必要な技について，互いの技を見合い，高

められるようにします。

> ●話し合いの３つの観点「構成の創意工夫」
> ・構成の具体化→場の設定・回る方向・シンクロ等（空間構成）
> ・演技の順番・リズム・タイミング・時間差・速さ等（時間構成）
> ・技のできばえ・種類・ポーズ等（技術構成）

　この３つの観点は，クラス全体の振り返りの視点にします。授業終末に，全体で共有することによって，違うチームの取り組みから学ぶことができ，次時のチームの演技づくりに生かされます。

2　演技づくりの条件を示す！

＜レッツ！チームマット!!＞

・１チーム８人程度
　（クラスで４チーム）

・原則１人３つの技を行います（違う技を
　２つ以上行います。難しい場合は１つだ
　けでもOKとします）。

・音楽は指定します（８カウントとりやす
　く，みんなが知っている曲。例：東京ビ
　クトリー／サザンオールスターズ）。

・音楽に合わせて８カウントのリズムを大
　切にします。

・最後，全員で決めポーズをつくります。

・授業の最後は発表会を行います（１チー
　ム２～３分程度の演技とします）。

29

技の組み合わせとフィナーレの工夫を積極的に紹介する

| 領 域 | 器械運動 | 運 動 | チームマット⑤ |

視点3 振り返りと次時の学習課題設定の工夫 視点4 チーム性をもたせる工夫

指導場面

　子どもたちは，チームマットの演技の中で，何の技をどのように組み合わせるかについて，創意工夫するところに面白さを感じています。また，最後のフィナーレにおいて，どのようなポーズをつくるかについても，チームの個性を表現することができ，楽しみながら試行錯誤する姿が見られます。

　「組み合わせの例」や「ポーズの例」を示し，演技構成を考える視点をつくってあげることが大切です。

全員参加のためのポイント！

工夫された動きを積極的に紹介し，演技構成のアイデアが生まれやすい環境をつくりましょう！

1　どのような組み合わせがあるのかを紹介する！

＜シンクロ＞

　複数人で動きをぴったりと揃えて行います。「1，2，3，4，スタート」などリズムをとって，動きの開始を揃えると，息を合わすことができます。

＜交差＞

　×や＋のような形に見えるように，動きます。少しだけ時間差をつけて行うと，ぶつからないで交差の動きを表現することができます。

＜時間差＞

　１人が前転をした後，次の人が４カウント後にスタートし，その次の人が４カウント後にスタートする，というように，時間差をつけて動きます。２列で行うと，同じ列の人とは時間差ですが，隣の人とはシンクロの動きとなり，動きを発展させることができます。

＜様々な技で＞

　上に示した組み合わせの方法は，同じ技で行っても，違う技で行ってもできます。どこでどのような技を使うかは，チームで相談させます。

＜方形マットの使い方例＞

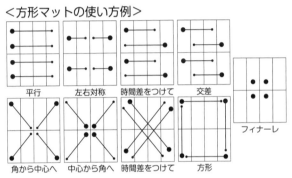

平行　　左右対称　　時間差をつけて　　交差

角から中心へ　　中心から角へ　　時間差をつけて　　方形

フィナーレ

2　フィナーレを工夫させる！

　最後は，「キメポーズ！」で終わるようにします。全員が同じマットに立つことから，一人ひとりが輝ける場となります。

30

タブレット端末の「撮る・見る・伝え合う」を有効に使う

視点2　振り返りと次時の学習課題設定の工夫

指導場面

　器械運動では，運動のポイントを学び，頭で考えたことを身体で表現する作業を積み重ね，試行錯誤する過程の中で技能を高めることができます。

　頭で考えたことを身体で表現できたかについては，タブレット端末を活用し，客観的に自分の動きを知ることで確認することができます。また，運動のポイントを理解している仲間とともに，お互いの動きについて動画をみて気付きを伝え合いながら，学びを深めていくこともできます。

全員参加のためのポイント！

タブレット端末の動画アプリを有効に活用して，これまでに学習したポイントを全員が振り返れるようにし，また，仲間同士でお互いの技の気付きを伝え合わせましょう！

1　「撮る・見る・伝え合う」の活用方法を理解する！

　動画を撮って，見ることは，単純な作業で誰でもできるので，抵抗なく扱うことができます。しかし，子どもたちにタブレット端末を渡すと，1時間の授業がタブレット端末の操作に終始し，運動する時間がほとんどなかった

という状況になります。

　そうならないために，ルールを決めると効果的です。器械運動では，1人あたりの撮る・見る回数を決めます。例えば，開脚跳びに取り組む授業を想定すると，開脚跳びの練習に取り組み始めて5分後に一度，1人ずつ動画を撮り

ます。撮った動画をグループ全員で集まり，1人ずつ視聴し，気付きを伝え合います。その後，友達のアドバイスをもとに，練習に取り組み，授業の終末にもう一度，動画を撮ります。同じように，視聴し，気付きを伝え合います。

　このように1時間で2度，撮る・見る・伝え合う活動を取り入れることで，撮る・見るに費やす活動時間を減らしつつ，運動量を保障できるとともに，撮る・見る・伝え合う活動を有効に活用することができます。

2　アプリを活用して，技のポイントを確認する！

　「強い踏み切りが必要だよ」「音を大きくするといいね」「どうすれば音は大きくなるの」「遠くからはじめの1歩を大きくして踏み切ると大きな音がするよ」このようなやりとりの中で実際に上手な子に手本となってもらい，技のポイントを確認しますが，スピードが速すぎて，「なんとなくわかった」で終わってしまうことがあります。しかし，アプリを活用するとスローモーション機能や撮り溜めた動画との比較などで具体的に技のポイントを確認することができます。

【おすすめアプリ】

・iPhone/iPad 用ビデオフレームキャプチャー「VideoPix」
　（https://www.videopixstore.com/）

体つくり運動

器械運動

陸上

水泳

ボール運動

表現

31

学習カードの都度評価で個人のめあてを把握する

指導場面

　個人の必要感を大切にした授業づくりでは，全員のめあてを適切に把握できる教師の力が必要です。この力を発揮できないと，「個の必要感」という言葉だけが先行した子ども任せの授業となり，「価値なし」となってしまいます。繰り返しになりますが，最も重要なことは，子どもたち全員のめあてを教師が適切に把握した上で，一人ひとりに関わることなのです。

全員参加のためのポイント！

毎時間の振り返りカードと子どもの動きを照らし合わせながら，一人ひとりのめあてを把握しましょう！

1　学習カードは，ポイントを絞って作成する！

　小学校教師はとても忙しいです。忙しい中で全員分の学習カードに目を通し，めあてを把握できるようにするためには，学習カードの作成段階で，考えさせる（書かせる）視点を明確にすることが必要です。

　自由記述にすれば，情報量が増え，子どもたちの学びを整理できなくなる可能性があります。その時間に何を学んだのか，そしてその学びを次の授業

でどのように生かしたいのかが，「見える」学習カードを作成することは，適切なめあての把握に留まらず，「評価」活動にも活用できます。

2　個人カードから適切なめあてかどうかを分析する！

　下の学習カードでは，Ａさんの第5時と第6時のめあてと振り返りが記載されています。第5時の振り返りでは，「かかえこみとびで，あとひといきができず，とてもくやしかったです。→ふみきりは遠くからでがんばりたいです」と強い踏み切りを意識してかかえ込み跳びを完成させたいという意気込みが伝わってきます。

　教師は，Ａさんが，第5時で横のかかえこみは跳べたけれど，縦にすると怖くなって踏み切りが弱くなってしまう姿を見て，踏み切りで勢いをつけられるよう補助をしていました。

　こうした状況の中，Ａさんは第6時の学習で「かかえ込み跳び」を自ら考え，主体的に選択しました。教師はめあてのもち方は適切と判断しました。Ａさんは，第6時において「踏み切りを遠くから」を意識して取り組み，かかえ込み跳びができるようになったことを振り返りで記しています。その日の日記にも嬉しかった思いや学んだ運動のコツなどを枠からはみ出すほど書いていました。授業づくりの醍醐味の1コマです。

回	めあて ①取り組む技②ステップ③ポイント	今日の学習を振り返って ○練習中，友達にどんなアドバイスができましたか。 ○今日の学習でよかったところ，残念だったところ。
5 (前)	【学習1：選択技②】 ①今日の技（かかえこみとび　　　） ②ステップ番号（1/2/3/4/5 完/チャ） ③ポイント ・高い技にチャレンジ！	自分の力に合った技が選べたか。 めあてを達成することができたか。 技に取り組んでいる友達を励ますことができたか。
(後)	【学習2：チーム跳び箱】 ①めあて（技・演技の工夫） テンポよく！ ②ポイント ゆっくりでもよいから「1,2,3」のテンポで。	・かかえこみとびで，あとひといきができず，とてもくやしかったです。 →ふみきりは遠くから，ビーンこういったコツをアドバイスしてってことも書いています がんばりたいです！
6 (前)	【学習1：選択技③】 ①今日の技（かかえこみとび　　　） ②ステップ番号（1/2/3/4/5 完/チャ） ③ポイント ・かくじつにとびこす。	自分の力に合った技が選べたか。 めあてを達成することができたか。 技に取り組んでいる友達を励ますことができたか。
(後)	【学習2：チーム跳び箱】 ①めあて（技・演技の工夫） 技を大きく見せる♪ ②ポイント 手足をのばす。	先生から「ふみきり高さをこえるといい」とおしえてもらい，シンクロで，そろいました♪ かかえこみとびが，できるようになった →ふみきりをとおくからふむ やったね！！ シンクロもできて またいいのあるみつけたら 伝えていこう
	【学習1：選択技④】 ①今日の技（かかえこみ水平とび	自分の力に合った技が選べたか。

Column
「チーム跳び箱」で
個の輝きを引き出そう

1　チーム跳び箱の根底

　跳び箱運動は，一般的に個人の技の達成を目指すことが中心課題となります。そこには，１つの技ができるかどうかだけを問題にしてきた従来の器械運動の指導や，学習形態はグループになっているものの，そこに学びが見られないグループ学習への批判が存在していました。また，子どもたちの姿を見ていると，「なぜ，この技をできるようにならなければいけないのか」といった問いを，運動への苦手意識が高ければ高いほどもつ傾向があります。

　筆者は，こうした従来の跳び箱運動への学習形態に問題意識をもち，チーム跳び箱へと発想を転換させました。子どもたちが主体的に跳び箱運動の学習に向かい，「やってみたい！」「できるようになりたい！」「楽しかった！」と思えるような跳び箱運動の授業をつくりたいと考えたからです。そして，その切り口を「集団化」に求めました。

　「集団化」する意義は，楽しみ方の拡大のほかにも考えられます。集団で何かに取り組む時には，集団内の個々が互いに刺激し合い，個人では思いつ

かないようなアイデアが生まれたり，個人ではできなったことをチームワークで可能にしたりすることがあります。また，個人レベルでできる運動でも集団で演技するとなると，自分の身体操作を友達の動きに合わせるといった新たな課題が生じます。友達のペースを考えるとともに技のポイントを深く意識して取り組むことを通して，一層の運動習熟を図ることができるほか，演技をグループで考えたり高め合ったりしながら味わう集団的な達成感は，個人では味わえないものです。

　このような集団的・共同的な学習の営みの世界へ，子どもたちを誘い込み，集団的達成の面白さを味わうことができれば，個や集団における必要感のある学びが生まれるのではないだろうかと考えました。

2　2年間にわたるチーム跳び箱の積み重ね

　筆者の学級では，5・6学年とチーム跳び箱に取り組んでいます。2学年にわたって取り組む良さは，技だけではなく，演技構成の視点からも学び方の系統性が生まれ，より主体的・対話的で深い学びに向かっていくところにあります。2学年継続して取り組むようになった経緯は，下記の通りです。

　5学年時では，1チーム5人を8チームつくり，1チームに2台の跳び箱を使い，できるようになった技を活用しながら演技の構成を工夫するよう促しました。チーム跳び箱における子どもたちの取り組みは意欲的で，実態や形成的授業評価からも跳び箱運動の特性を味わい，学びを深めていることがわかりました。一方で，チーム跳び箱を優先するあまり，個々の技のできばえに焦点をあてることができず，「もっと技を高めたかった」「できる技を増やせれば，もっとテーマに迫ることができた」といった子どもたちの感想も見られました。

　そこで6学年時では，前年度の課題を踏まえ，前半に技のポイントをおさえ，個々の技能を高める時間を十分に保障しました。また，5学年時の経験をもとに，児童に「どのようなチーム跳び箱にしたいか」と事前に投げかけ

ました。そこでは，「もっと多くの跳び箱を使いたい」「人数が多い方が空間構成を工夫しやすい」「はね跳びをたくさんの人ができるようになったらテーマが広がる」といった意見があり，このような意見をクラス全体で共有した上で授業を行うことになりました。結果，１チーム10人を４チームつくり，１チームに３台の跳び箱を活用できるように環境を整え，演技構成の創意工夫ができるようにしました。

3 チーム跳び箱の特性

　チーム跳び箱とは，個人を生かした集団を表現できる面白さがあり，個人のできる技を生かして，チームとして１つの演技を創り上げていく集団演技です。チーム跳び箱の特性として，以下の３つが挙げられます。

●技を美しくする意識が自然と生まれてくる

　チーム跳び箱では，集団の中の個人という環境下で，自然に自分の演技のできばえを意識するようになります。それは集団で取り組むことを通して自分の演技を美しくする必然性がでてくるからです。

●友達の技に関心をもつようになり，対話が生まれる

　集団で１つの演技を創り上げていく過程を通して，友達の技について自分ごととして考えられるようになっていきます。友達に助言したり，自分の技のできばえについての友達の意見に耳を傾けたり，主体的な対話が生じます。

●体ほぐし運動の要素を取り入れることができる

技のできばえをもとに，踏み切りの音の強弱の心地よさやシンクロして友達と動きを合わせる面白さなどを味わうことができます。

4 学習環境をデザインする視点

⑴個が輝ける魅力的な教材・教具・場を工夫する

子どもにとって魅力的で，興味深く，個が輝ける教材であれば，「やってみたい」と感じるのは自然なことです。

そこから始まる学びは，自分の動きを知りたい，もっと上手くなりたいと思考を働かせる原動力となります。

⑵子どもの立場に立った学習過程を工夫する

5学年時，チーム跳び箱を行った際，技の習得がなされないまま，チーム跳び箱に入ってしまい，子どもの充足欲求に十分に応えられなかった反省を受け，6学年時では，前半に十分な技の学び合いの時間を保障しました。

前年度に培った学び方や習得した技を活用した新たなチーム跳び箱の演技を創造していけるよう，学習過程を工夫することが必要です。

⑶ 3つの工夫で学び合いを保障する

①学習内容を明確にした課題提示の工夫，②個人カードとチームカードの工夫（演技や技の振り返り），③振り返りの工夫（振り返りの視点の明確化）をすることで，何を学んだのかを明確にします。

学びの明確化は，「知識・技能」「思考力・判断力・表現力」の育成に肯定的に影響します。

32

今もっている力の
トップ50m入れ替え走を実施する

領　域	陸上		運　動	走の運動

視点1　教材・教具・場・ルールの工夫

指導場面

　低・中学年の子どもは，かけっこが大好きです。しかし，高学年になると，「○○くんは足が速いから，絶対に勝てない」など，クラス間や学年間での情報が先行し，走る前から諦めてしまう傾向があります。

　トップ入れ替え走は，同質グループを形成するため，ハラハラドキドキしながら競争の面白さを味わうことができます。また，毎回，競い合いながら走るため，記録向上の達成感を味わえる魅力的な教材です。

全員参加のためのポイント！

今もっている力の同質グループをつくり，ハラハラドキドキしながら走る経験をたくさん積ませましょう！

1　今もっている力の50m走の記録を計測する！

　単元はじめに，50m走の記録をとります。その記録を男女混合で並び替え，タイム順に4人グループ（3人グループ）をつくります。このように同質の4人グループで走ることで勝つチャンスが生まれ，毎時間全力で取り組むことができます。

2　入れ替え走を行い，目標をもたせる！

　1回目の競争が終わったら，入れ替えを行います。1位の子が上の班に上がり，4位の子が下の班に下がります。はじめは，ルールを理解できない子どもがいるので，下のような図を使いながら説明すると理解しやすくなります。記録は担任が2名計り，残り2名はお手伝いの子にお願いします。

　次の時間には自分の班を忘れてしまう子がいるので，必ずカードに今日の記録と最後に入れ替わった班を記入させ，次時の目標をもたせます。

【入れ替え戦の行い方】

	1位	2位	3位	4位
1班（一番速い班）	◎	※	□	◆
2班	○	△	◇	＊
3班	■	∴	▲	×

	次に走る班			
1班	◎	※	□	○
2班	◆	△	◇	■
3班	＊	∴	▲	×

3　速く走るコツを知り，継続させる！

　陸上運動では，最初の数時間は記録が伸びます。しかし，後半はあまり記録が伸びなくなり，達成感を味わえなくなることがあります。1学期に4〜5時間程度の時間を確保し，速く走るコツを理解します。そして，2学期・3学期にそれぞれ2〜3時間程度に分けて授業を行うと，記録の伸びを実感でき，達成感を味わうことができます。

【速く走るコツ】

コツ①「低く構えてスターする」

コツ②「遠くをまっすぐ見て，前傾で走る」

コツ③「肘を後ろに引き，手から腕まで力を
　　　　抜いて振る」

コツ④「ゴールの線の5m先をゴールと思っ
　　　　て駆け抜ける」

33

サークルリレーで競争の面白さを味わわせる

領　域	陸上		運　動	リレー

視点1　教材・教具・場・ルールの工夫

指導場面

　サークルリレーは，１つのサークル上を１チームが走るので，接触がなく安全にでき，初めて取り組むリレーとして最適な教材です。また，ゴール場所が同じであるため，対戦チームが走っている姿を確認することができ，競争の面白さを味わうことができます。どのくらい勝っているのか，負けているのかを知ることができ，応援も盛り上がります。

全員参加のためのポイント！

対抗戦形式で行い，一人ひとりの走りをチームの全員で応援できるようにしましょう！

1　サークルリレーの場を工夫する！

　チーム対抗で２つのサークルを利用します。１チーム８人程度とし，４チームつくります。４つのサークルをつくれば，同時に２つの対抗戦を行うことができます。右ページの図のような場を設定します。

　全体で統一して右回り・左回りで行っても良いし，片方のチームは右回り，もう一方のチームは左回りなど工夫して行っても盛り上がります。１人が走る距離は40〜50m程度とし，サークルをつくる際に参考にしてください。

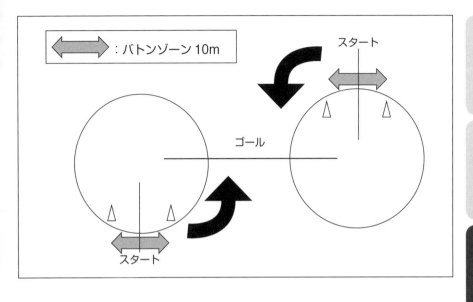

2　リングバトンからバトンへとシフトする！

　はじめは，今もっている力でやさしいリレーから始めることが大切です。相手との接触がなく，1人1周走れる良さに加え，リングバトンを使います。リングバトンは，つかめる範囲が広いことから，受け渡しがスムーズに行われ，バトンをつないで競争するリレーの面白さを味わうことができます。

　このやさしいリングバトンを使い，バトンゾーンの中でのスムーズな受け渡しができるようになったら，バトンに変えて，リレーを行います。どのような受け渡し方がよいのか，バトンゾーンの使い方をどうするのかを，チーム内で話し合い，様々なチームと対抗戦を楽しみます。楽しみながらバトンパスの技能，そして競走にかかわる思考力の高まりを期待できます。

34

ワープリレーで
勝敗の未確定性を楽しませる

領　域	陸上	運　動	リレー

視点1　教材・教具・場・ルールの工夫

指導場面

　ワープリレーとは，その名の通り，ワープする場所があるリレーです。普通のトラックのコーナーに，もう1本のコーナーラインを引き，短いコースをつくります。1チームを8人とし，普通のコースを走る子4人，短いコースを走る子を4人とし，誰がいつ，どのコースを走るのかをチームで相談して決めます。

　このリレーは，コースの選択や走順によって順位が激しく入れ変わるので，作戦を自分ごととして考えるようになります。勝敗の未確定が保障され，大いに盛り上がります。

全員参加のためのポイント！

チームの仲間の良さを認めながら，誰がいつ，どのコースで走るのかを考えさせましょう！

1　作戦が勝利のカギを握ることに気づかせる！

　短いコースを足の速い子が走るのか，足の遅い子が走るのか。短いコースを前半に集中させるのか，後半に集中させるのか，まんべんなくするのか。走順を速い遅いといった交互にするのか，前半遅い，後半速いといった走順

にするのか。チームでの作戦会議が勝利のカギとなります。

　小学校体育では，なかなか作戦を実現させることは難しいのですが，ワープリレーの作戦づくりは，チームの仲間の走りを自分ごととして考えることができるとともに，何を考えたら良いかがわかりやすく，作戦の実現を実感できる良さがあります。

2　ワープリレーの場とルールを確認する！

　学校のグラウンドにあるトラックを利用します。そのトラックの両コーナ
ーの内側にラインを
引き，ワープゾーン
をつくります。環境
や実態に応じて，一
人１周とし，片側の
コーナーだけ内側に
ラインを引いてワー
プゾーンとすること
もできます。

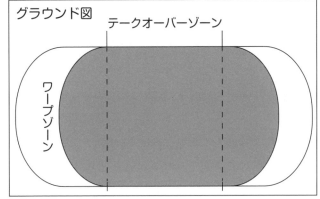

＜ワープリレーの主なルール＞
・１チーム８人〜10人で４チームをつくります。
・普通のコースを走る子を４人，ワープゾーン（内側）を走る子４人をチームの作戦によって決めます（８人チームの場合）。
・20m程度のテークオーバーゾーンの中でバトンパスをします。

3　バトンパスの大切さに気付かせる！

　北京オリンピック４×100m の日本代表・銀メダルチームの記録（38'
15）と，個々の100m のベスト記録（塚原10' 05，末續10' 03，高平10' 20，
朝原10' 02）を比較して，いかにバトンパスが重要かを考えさせましょう。

体つくり運動
器械運動
陸上
水泳
ボール運動
表現

35

個の必要感に応じた練習をするための環境をつくる

領　域	陸上	運　動	走り幅跳び

視点2　振り返りと次時の学習課題設定の工夫

指導場面

　走り幅跳びは個人種目ですが，チームで競争する形態をとれば，自然とチームの仲間の動きにも目がいくようになり，対話も活性化します。チームで競争する形態については，「37　グループ対抗戦を行い，チームで走り幅跳びを楽しませる　p.106」で紹介します。

　まずは，個の必要感に応じた練習ができるように環境をつくることが必要です。個人の技能を高め，走り幅跳びの面白さを味わえるように，下記のような学習指導計画を考えました。ここで紹介する活動は，学習指導計画にある「2．レッツ！カクモ塾（課題別練習の場）」です。

　※「カクモ」はクラスの学級便りのタイトル

1	2	3	4	5	6
オリエンテーション	リズムよく，「フワッ」と高く跳び出す感覚を養い，記録に挑戦しよう。			助走のスピードを活かして跳躍し，ベストの記録に挑戦しよう。	
・はじめの記録を測定する。 ・単元の目標と学習の進め方，学習カードの使い方を確認する。	1．学習の準備 2．レッツ！カクモ塾（①踏み切り板幅跳び②ゴム紐幅跳び③ミニハードル跳び④着地練習⑤3歩ジャンプ⑥5歩リズム）				
	3．やさしい場で感覚作り （踏み切り板幅跳び） 4．グループ対抗戦 5．振り返り			3．グループ練習（学びを活かし，練習計画を立てる） 4．グループトーナメント戦 5．振り返り	

全員参加のためのポイント！

個の必要感に対応できる６つの場を設定し，各自が選択して取り組める
ようにしましょう！

1 個の必要感に応じて，６つの場から選べるようにする！

Aの「ジャンプ着地の場」では，セーフティマットにフラフープを置くことで，足を目一杯伸ばして着地することをねらいとします。

Bの「３歩ジャンプの場」では，「１，２，３」のリズムで踏み切り，手でバスケットゴールなどに取り付けた段ボールを弾くことで，踏み切りのタイミングをつかむことをねらいとします。

Cの「５歩リズムの場」では，教師がリズムよく太鼓を叩くことで，最後の３歩をリズムアップさせて強く踏み切ることをねらいとします。

Dの「ゴムきりの場」では，踏み切り板の両側に友達が立ち，肩くらいの位置でゴム紐を持ちます。そのゴム紐にへそを当てることを目指すことで，強い踏み切りと跳び上がりを意識させることをねらいとします。

Eの「ハードルの場」では，踏み切り後の足の振り上げを意識させることをねらいとします。はじめは，すべての場を経験させ，それぞれの場でどのような力が身につくのかを理解させます。その後，各自選択して練習できるようにしましょう。

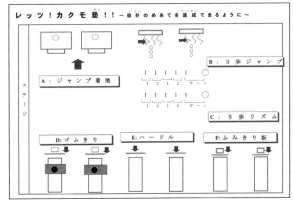

36 「ん」「く」の字を学びの視点に掲げる

領　域	陸上	運　動	走り幅跳び

視点2　振り返りと次時の学習課題設定の工夫

指導場面

「走り幅跳びの面白かったところは？」と子どもたちに聞くと，「遠くに跳べるようになったこと」と多くの子が答えます。遠くに跳ぶためには，「片足で踏み切る」「空中姿勢」「両足で着地する」などのポイントを学ぶことが必要です。

全員参加のためのポイント！

空中動作は「く」の字の形，着地動作は「ん」の字の形を目指し，友達同士で確認し合いましょう！

1　ジャンケングリコで跳ぶ感覚をつかませる！

　片足踏み切り，両足着地がうまくいかない子がいます。準備運動として，「ジャンケングリコ」を行い，楽しみながら感覚を養えるようにします。

＜ジャンケングリコの行い方＞
①ペアで10mくらい距離をとり，向かい合います。相手ラインに到達できれば１点，往復できれば２点とします。
②ジャンケンをして勝った子は決められた歩数（グー３歩，チョキとパーは

5歩）を跳び，最後は両足着地をします。

③一定時間で点数の多かった子の勝ちとします。

2 遠くに跳ぶ秘密を探らせる！

　遠くに跳べる子どもをモデルにして動きを見せます。多くの子は，片足踏み切りや両足着地に目がいきます。そのことを称賛して，この2つのポイントをおさえます。

　次に「空中姿勢」に着目させます。もう一度，同じ子に跳んでもらい，踏み切ってからの空中姿勢が「く」の字の形になっていること，着地時には，「ん」の字のような形になり，足が前に投げ出されていることに気付かせるようにします。

3 タブレット端末で空中動作を確認させる！

　自分の動きを知ることは学びの必要感をもつ上で欠かせません。自分を知ることができれば，そこから「もっとこうしたい」「こうしたらどうだろう」の思考が生まれます。その思考を生かして技能向上を目指し，友達との積極的な対話が生まれます。

　タブレット端末で自分や友達の空中動作が「く」「ん」の字になっているのか，視点を明確にして活用すると効果的です。

37

グループ対抗戦を行い，チームで走り幅跳びを楽しませる

領 域	陸上	運 動	走り幅跳び

視点3　学習過程の工夫　視点4　チーム性をもたせる工夫

指導場面

　走り幅跳びは個人種目ですが，チームで競争する形態をとれば，自然とチームの仲間の動きにも目がいくようになり，対話も活性化します。

　ここでは，「グループ対抗戦」を紹介します。個人の記録・得点を伸ばすこと（達成型）が，チームの合計記録・得点を伸ばし，他チームに勝利すること（集団達成型・競争型）に生かされるようにルールを工夫します。

全員参加のためのポイント！

個人の達成型要素とチームの競争型要素を組み合わせて，走り幅跳びの面白さに触れられるようにしましょう！

1　場づくりを工夫する！

　走り幅跳びは砂場で行われることが多いですが，体育館でも行うことができます。体育館で行う際は，20㎝間隔でラインテープを貼ったマットを準備します。中学年は3m程度，高学年は4m程度までラインテープを貼ります。次に

フロアーにラインテープを貼り，踏み切り線をつくります（踏み切り板など
を置いても構いません）。踏み切り線から１ｍ20㎝のところに，準備したマ
ットの端を合わせて置くようにします。

2　グループ対抗戦をする！

<グループ対抗戦の主なルール>

・助走は３歩，５歩，
７歩など自分で考え
ます。５ｍ，10ｍ，
15ｍに印をつけてお
き，助走位置が決ま
ったらペットボトル
キャップを置かせま
す。

・１人最低２回は記録
を計測します。ファ
ウルは１度のみ，や
り直し可とします。

・踏み切り位置から１
ｍ20㎝を10点とします。
20㎝ごとに10点を加点
します。（例　２ｍ：
50点，３ｍ：100点）

・グループの「合計得
点」と「伸び得点」で
競争します。

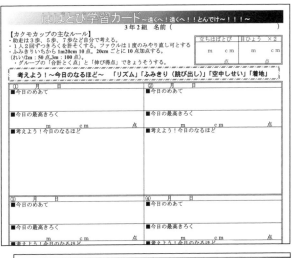

38

ノモグラムを使って
自己記録とクラス記録の更新を楽しませる

領　域	陸上	運　動	走り高跳び

視点1　教材・教具・場・ルールの工夫　視点2　振り返りと次時の学習課題設定の工夫

指導場面

　高跳びでは，自己記録の更新は大きな喜びとなり，その積み重ねが，「面白さ」へと誘います。何cm跳べたかを競うのではなく，自己記録の得点の伸びを競うようにすれば，全員の意欲を高めることができます。また，仲間とともに伸びているという実感をもたせるために，個々の得点を合計し，それをクラス目標として毎時間更新を目指していくことで，集団的達成感を味わうことができます。

全員参加のためのポイント！

目標値を設定し，目標に対してどのくらい跳べたかを得点化して全ての子どもの意欲を引き出しましょう！

1　8の字跳びをしてまたぎ越しのイメージをつかませる！

　8の字跳びは写真のように長なわの8の字跳びと同様に跳ぶ運動です。この運動の良さは，楽しみながら，またぎ越しにつながる斜めからの片脚踏切と反対側の脚での着地動作を身につ

けることができる点です。授業導入で，準備運動として扱います。高さは誰もが跳べる40〜50cmに設定します。

2 ノモグラムを使って目標値を設定させる！

　高跳びの目標値としてノモグラムがよく使われます。

　ノモグラムの計算式は次のとおりです。

【0.5×身長−10×50m走タイム＋105cm】

　目標値を設定した後は，下の表のように目標値に対してどのくらい跳べたかを得点化します。

目標に対し	+12	+10	+8	+6	+4	+2	0	−2	−4	−6	−8	−10	cm
得点	16	15	14	13	12	11	10	9	8	7	6	5	点

　毎時間，個人の得点数を記録した後に，個々の記録を合計し，クラスの得点を出します。個人得点とクラス得点の両方の記録更新を目指します。

3 高く跳べる秘密を探らせる！

　授業のはじめに，前時にうまく跳べていた子どもに示範してもらい，ポイントを確認します。

＜高跳びの運動のポイント＞

・斜め方向からのリズミカルな助走
　（5歩，7歩）

・かかとからの強い踏み切り

・踏み切りの適切な位置（近すぎたり遠すぎたりしない）

・またぎ越し（振り上げ脚が伸びる→振り上げ脚を振り下ろし，抜き足を伸ばしてバーを越える）

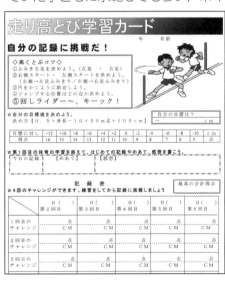

39

浮く・もぐる遊びで水に楽しく慣れさせる

| 領　域 | 水泳 | 運　動 | 水慣れ |

視点1　教材・教具・場・ルールの工夫

指導場面

　低学年の水泳学習では，十分に水に慣れて，目を開けて顔・頭を水に沈められるようにすることを大切にした授業づくりが求められます。

　入学までに顔・頭を水につけられるようにしておくことは家庭の中で行っておくこと，という話を耳にします。しかし，大きなプールで友達と一緒に水慣れの面白さを味わわせ，知らない間に顔・頭を水に沈めることができていた，という状況をつくることは，体育の重要な役割です。

全員参加のためのポイント！

顔が濡れる，顔を水につける，潜る運動を色々とアレンジして，全ての子どもが水慣れあそびの面白さを経験できるようにしましょう！

1　潜る・浮くあそびをアレンジする

　以下に示すあそびをいくつか組み合わせて，毎時間取り上げたり，**かにさんとわにさんの競争**のように運動をアレンジしたりして，水に親しめるようにすることが大切です。

＜かにさん＞

　両手をチョキにして，口まで水に顔をつけ，横歩きで反対側まで歩きます。

＜わにさん＞

手を床につけて，口・鼻まで顔を水につけて，手を前に出しながら反対側まで進みます。

＜かにさんとわにさんの競争＞

わにさんが先にスタートします。10秒後にかにさんがわにさんを追いかけます。反対側まで逃げ切れたらわにさんの勝ち。捕まってしまったら，かにさんの勝ちとします。

＜おじぞうさん＞

２人組で，１人がおじぞうさんになり，もう１人がおじぞうさんに10秒間水をかけます。おじぞうさんはその間，顔をふいてはいけません。

ジャンケンで勝ったらおじぞうさんに水をかけるというゲームにすると盛り上がります。

＜たから探し＞

市販のダイブスティックやダイブリングなどを利用して，沈んでいるものを拾います。教師がプール全体に投げている間，子どもたちは，プールの中に入って，お尻を壁につけて待ちます。スタートの合図で，一斉に拾いにいかせます。

１人が拾える数を決めたり，前回あまり拾えなかった子から先にスタートしたりして，すべての子が十分に水慣れできるように工夫します。

慣れてきたらチーム対抗にして，拾えた数を競わせると盛り上がります。

＜もぐりっこ～またくぐり＞

２人～数人でグループをつくり，手をつないで輪になります。どれだけ潜っていられるかを競います。頭まで潜ると自然にお尻が浮いてくる感覚をたくさん経験させましょう。慣れてきたら，２人組の相手のまたの下をくぐることに挑戦させます。おじぞうさんのようにじゃんけんを取り入れると盛り上がります。

体つくり運動

器械運動

陸上

水泳

ボール運動

表現

40

スモールステップで「できる・わかる」を実感させる

領　域	水泳	運　動	クロール

視点3　学習過程の工夫

指導場面

　水泳学習では，「できる・できない」が他者から明確に見えてしまいます。他者からどう見られているかを気にする高学年になれば，「泳げない＝できない」ことが嫌で，水泳学習に前向きに取り組めない子もでてきます。

　私たち教師は，どのように指導すれば泳法を身につけられるのかを知ることが必要です。子どもたちも，段階的に学ぶことができれば，たとえ学校でできなくても，家族でプールに行ったときに，そこで学んだことを生かして自ら練習する姿が期待できます。

全員参加のためのポイント！

スモールステップで段階的に取り組み，「わかる」と「できる」を全員に体感させましょう！

1　ビート板を使ってゆったりと進む感覚を身につけさせる！

＜スモールステップの手順＞

①けのびからのばた足をします。

②片手ばた足（片手をビート板の中央に乗せ，耳を肩から離さず，斜め後ろ

方向を見るようにして，もう一方の手は脇につけたまま，息つぎの形で前
に進む練習）をします。

③片手クロール（②の状態でできるだけ
遠くに手を伸ばし，キャッチした水を
腿の位置までかききって，手を水から
抜くのと同時に，その手と同じ向きに
顔を上げ，その時に「パッ」と吐くよ
うにして，息つぎの仕方を理解させる
練習）をします。

④ビート板クロール（片手で腿の位置までかききってビート板に乗せたら，
もう一方の手で水をかく練習）をします。

2　ビート板を使わずに挑戦させる！

＜スモールステップの手順＞

①大またクロール（水の中で肩までつかり，大またで歩きながら，手のかき
方，息つぎの仕方を学ぶ練習）をします。

②ペアで手タッチクロール（ビート板ク
ロールと同じように，ペアの子の手の
平をタッチするようにして泳ぐ練習。
ペアの子は，タッチされたら，少し引
っ張って進めてあげたり，浮くように
支えてあげたりする）をします。

③親指ももタッチクロール（大きく手を伸ばして水をつかみ，そのつかんだ
水を腿のほうまでかいたら，最後の親指で腿をタッチするようにして，大
きく腕をつかう練習）をします。

41 ペア学習で「かいて・パッ・けるーん」を見合わせる

視点3　学習過程の工夫

指導場面

　平泳ぎは，①足のキック，②手のかき方と息継ぎ，③リズムの3つの
ポイントをおさえて指導することで，全く泳げない子でもコツをつかん
で泳げるようになります。長い距離をゆったりと楽に泳ぐことにも適し
ているため，小学校段階で身につけさせたい泳法です。

全員参加のためのポイント！

かいて（手のかき）・パッ（息つぎ）・けるーん（足のキック）のそれぞ
れの動きとリズムをペアで見合わせましょう！

1　足のキックと手のかき方をスモールステップで身につけさせる！

＜スモールステップの手順＞

①足のキックをペアで見合う

・プールサイドに腰掛け，親指を外側に向けて，
　足の裏全体で水を外側から内側に押し出すよう
　にけります。

・ビート板を5枚ほど重ね，その上にうつぶせで
　乗ります。足のキックをペアで見合うようにし

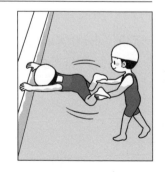

ます。

・プールに入り，手をプールサイドにかけ，ペアの子が左ページ図のように足を持ち，外側から内側に回すようにキックの補助をします。そのときに水の流れが補助の子の体に来ているかを確認させます。

・ビート板を使って，足のキックだけで進めるように練習します。

②オノマトペを使って，ペアで手のかき方と息つぎを見合う

・手のかき方は，手の平を下にしてをまっすぐに伸ばします。おなかの周りに大きなボールがあるようなイメージをさせ，そのボールの外側を大きくなでて，お腹に水をおもいっきりぶつけるようにします。その時，手の平は上むきになっているようにします。それを繰り返します。

・手のかきをしてお腹に水をぶつけたのと同時に，顔をあげてパッと息をします，その後，けのびのようにグーッと伸びるようにします。これを水の中で体を沈め，歩きながら行います。慣れてきたら，ペアで，「かいて！パッ！のびる〜！」と言い合いながら，手のかき方，息つぎの仕方をリズムで覚えるようにします。

2　かいて・パッ・けるーんを組み合わせる！

　足のキック，手のかき方，息つぎ，リズムを理解したところで，けのびをしたところから，「かいて，パッ，けるーん」とペアで言い合いながら，リズムを重視して取り組ませます。はじめはうまくいきませんが，足のキック，手のかき方，息つぎ，リズムとそれぞれのポイントを理解している子どもたちは，お互いにアドバイスをし合いながら，意欲的に学習を進めるようになります。

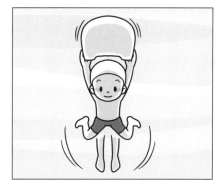

42

全員リレーは様々なバリエーションで実施する

| 領 域 | 水泳 | 運 動 | リレー |

視点1　教材・教具・場・ルールの工夫　視点3　学習過程の工夫

指導場面

　全員リレーはプールを横に使い，おりかえしリレーのような形で行います。「好きな泳ぎ方で」「クロールで」「平泳ぎで」などバリエーションを工夫できるので，楽しく取り組むことができます。

　「好きな泳ぎ方で」の時は，走ってもいいし，クロール→平泳ぎでもいいので，泳げる子にとっても，泳げない子にとってもみんなが，今もっている力で楽しむことができ，全員で楽しく取り組めます。

全員参加のためのポイント！

子どもたちの実態に応じて，様々なバリエーションで全員リレーに取り組みましょう！

1　ルールを伝える！

・1チームの中で偶数の子と奇数の子で分けます。偶数の子はプールサイド左側，奇数の子は右側に並ぶようにします。6人チームだとすれば，チーム内で番号を決め，1，3，5の子は左側，2，4，6の子は右側に並びます。

・プールの横を使って，片道を泳ぎ，向こう側にいる子とタッチします。タ

ッチされたら，スタートします。

・アンカーの子は帽子の色を赤にして，ゴールの判定をしやすくします。

・1回戦は「好きな泳ぎ方」で行います。走っても泳いでもよいことを伝え，自由に泳がせます。2回戦以降は，ルールを工夫して取り組みます。

2 リレーのバリエーションを工夫する！

　勝敗の未確定性を保障するために，「1番手はけのび，2番手は平泳ぎ，3番手はクロール，4番手は走る」，など，教師が泳ぎを指定します。子どもたちには，何番目に誰が何の泳ぎをするのか，作戦を考えさせます。作戦の考え方が勝敗を大きく左右するため，チームの一体感を味わえると共に，大いに盛り上がります。

3 水泳納会で行う！

　毎時間の水泳学習の中で取り入れることもできますが，水泳納会で行うこともできます。クラスごとの対抗戦にしたり，体育のバスケットの単元でつくったチームで行ったり，色々な集団を想定することができます。

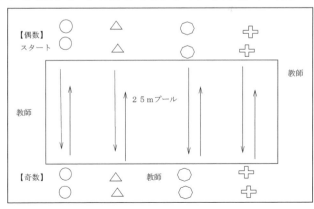

体つくり運動

器械運動

陸上

水泳

ボール運動

表現

43

顔上げ平泳ぎで
20分泳にチャレンジさせる

| 領　域 | 水泳 | | 運　動 | 平泳ぎ |

視点3　学習過程の工夫　視点4　チーム性をもたせる工夫

指導場面

　本校の高学年の子どもたちは，臨海学習で遠泳に挑戦します。これまでに学んできた平泳ぎで隊列をつくり，ゆったりと泳ぎ，5年生で500m，6年生で1000mに挑戦します。

　プールで15m泳げなかった子どもが，海へ行き，500mを完泳します。泳ぎが上手くなったというだけではなく，仲間や自然，そして自分と対話しながら，これまでの自分を「こえる」ことができたことに価値があります。

　水泳学習のまとめとして，プールで20分泳（約500m）に取り組むことで，遠泳と同じように，仲間とともに深い達成感を味わうことにつながります。

全員参加のためのポイント！

ゆったり，隊列を揃えながら20分泳に挑戦させることで，自分や仲間との対話の楽しさを感じさせましょう！

1　20分泳の距離を伝える！

　海で20分を泳ぐとおよそ500mを泳いだことになります。500mという距離は，25mプールを10往復した距離です。子どもたちにとっては，なんとかで

きそうだと感じられるぎりぎりの距離であり，泳ぎきったときは，大きな達成感を味わうことができる距離でもあります。

2 バディの大切さを理解させる！

水泳の学習では，バディをして人数確認をしますが，教師も子どもも人数確認のためだけのものとして認識しているのではないでしょうか。

バディは，人数確認だけでなく，バディを組む友達の体調を気にしたり，互いの泳ぎの力を理解しあったりする，一心同体のような存在だということを伝えます。その上で20分泳の練習に取り組むと，泳ぎながらバディの友達の泳ぎを見たり，ペースを合わせたり，目やジェスチャーで泳ぎを調整したりすることを意識するようになります。

3 20分泳のポイントを知る！

・隊列の作り方は，２列で縦２m，横１mなど，実態に応じて決めます。

・カーブするときは，３人前の頭を見て泳ぐと，美しくカーブできます。

・バディの子とはおしゃべりはしないようにします。目やジェスチャーでスピードをコントロールするようにします。

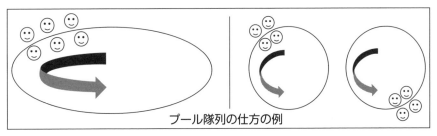

プール隊列の仕方の例

44

バスケットボール特有の面白さを重視した授業づくりをする

| 領 域 | ボール運動 | 運 動 | ゴール型 |

視点1　教材・教具・場・ルールの工夫　視点2　振り返りと学習課題設定の工夫

指導場面

　バスケットボールの面白さとは何でしょうか。子どもたちは，バスケットボールのどこに面白さを感じているのでしょうか。

　教師は授業づくりをする際に，「学習指導要領の例示にあるから行う」「子どものころに経験したバスケットボールの正式ルールで行う」といった安易な考えで取り上げるのではなく，子どもたちの視点から，バスケットボール特有の面白さを理解することが必要です。

　このことは，より良い授業づくりの根幹となり，ボールゲームのどの学習においても重視されるべきことです。

全員参加のためのポイント！

「シュートしたい！」という子どもの思いを実現させるゲームの工夫を取り入れましょう！

1　バスケットボール特有の面白さを理解する！

バスケットボールは一般的に次のような特性があります。

相対する2チームが入り乱れて，チームで考えた作戦にもとづき，手を

用いてパスやドリブルなどを使ってボールを運び，ディフェンスを振り切れるように組み立てて，高い位置にある円形のゴールのシュートをして，得点を競い合うことに面白さがある。

また，子どもから見たバスケットボールの特性は次のことが挙げられます。
・シュートをたくさん決めることが楽しい。
・狭いスペースでのパスやドリブルは難しい。
・作戦を工夫して，実現できたときは楽しい。
・空いている空間を意識してパスしたり，もらったりすることが難しい。

2 特有の面白さを理解した上で，ゲームづくりを工夫する！

上で示したように，バスケットボールの面白さについて，一般的・子ども視点の両面から捉え直し，ゲームづくりを工夫することが大切です。

<工夫ポイント①ゴールリングを大きくする>

正規の大きさである45cmのリングでは，得点できる子が限られてしまいます。そこで，大きなフープなどをリングの上に設置すると，得点回数が大幅に増えます。

<工夫ポイント②易しいボールを選択する>

革張り，ゴム製，スポンジ製など，様々なボールがスポーツメーカーから販売されています。すべての子どもたちが楽しむためには，易しいボールの選択は欠かせません。本校で使用しているミカサのウレタン製のボールは，つき指の心配もなく，みんなが恐怖感なく取り組めることからおすすめです。

<工夫ポイント③みんなが楽しめるルールの工夫>

ルールの工夫については，「51 オフィシャルのルールを絶対視しない p.134」をご参照ください。

45

テニス型とバレーボール型の面白さの違いを理解して授業をつくる

領　域	ボール運動	運　動	ネット型

視点2　振り返りと学習課題設定の工夫

指導場面

　ゲーム・ボール運動領域では，「ゴール型」「ネット型」「ベースボール型」の3つの型が示されています。これまでの「ネット型」の例示種目には，「ソフトバレーボール」，「プレルボール」が示されていました。そして2017年の改訂で新たに「バドミントンやテニスを基にした易しい（簡易化された）ゲーム」が例示されました。

　一括りで「ネット型」とは言っても，「テニス型」と「バレーボール型」では運動の面白さが異なります。面白さの違いに着目することは，より良い授業づくりに留まらず，カリキュラムづくりの視点にもなります。

全員参加のためのポイント！

ネット型を「連携型」と「攻守一体型」に細分化して，それぞれの面白さに触れさせましょう！

1　連携型と攻守一体型の面白さの違いに着目する！

　ソフトバレーボールやプレルボールはネットを挟んだ自陣でボールをつなぎ組み立てて，相手コートに返球する「連携型」ゲームです。一方，バドミ

ントンやテニスを基にした易しい（簡易化された）ゲームは，ネットを挟んで，相手から送られてきたボールを直接返球する，攻めと守りが一体となった「攻守一体型」ゲームです。このように同じ「ネット型」でも，ゲームの面白さの違いを理解することが授業づくりのスタートとなります。

2　ソフトバレーボールの面白さを考える！

　ソフトバレーボール特有の面白さは何でしょうか。ラリーを続けることでしょうか，それともアタックを打つことでしょうか。これらは面白さを味わう上で必要な技能，もしくは要素で，特有の面白さとは言えません。このように，その運動がもつ特有の面白さを理解せずに，ゲーム・ボール運動領域の授業づくりをしている授業者は少なくありません。

　筆者はソフトバレーボールの面白さを「自陣コート内では相手にじゃまされないという特徴を利用しながら攻撃を組み立てて，相手コートに返せないようなボールを手で打って相手コートへ送り，相手がそれを返せない時に得点になるという形で勝敗を競い合うところに面白さがある」と整理しています。この面白さを追究できるように，授業づくりをしていくことで，ねらいや学習内容が明確になっていきます。

3　攻守一体型（テニス型）ゲーム【テニピン】を知る！

　筆者は攻守一体ネット型ゲーム「テニピン」の開発者です。詳細は『コラム　個が輝くネット型ゲーム「テニピン」p.156』をご参照ください。また，下記 URL もしくは QR コード（日本テニス協会テニピン専用ホームページ）からアクセスしてみてください（授業動画有）。
https://www.jta-tennis.or.jp/teniping/tabid/723/Default.aspx

46

視点を明確に提示して
課題別練習の意図を考えさせる

視点２　振り返りと次時と学習課題設定の工夫　視点３　学習過程の工夫

指導場面

　ボールゲームのチーム練習において，自由に練習内容を考えさせる授業を見ますが，子どもたちは，なぜその練習をするのかよくわからないまま，なんとなく取り組んでいることが多いように感じます。

　ゴール型ゲームでは，シュートを決めて得点でき，その得点によって勝利できれば，その１時間は心に残る時間となります。このような成功体験に導くために，ポイントを３つにしぼって練習内容を提示します。

全員参加のためのポイント！

３つの視点（運ぶ・組み立てる・シュートする）からチームの必要感に応じて練習を選択・実践させましょう！

1　「運ぶ・組み立てる・シュートする」から選択させる！

　右ページ図のような自分のめあてに応じて練習できる場をつくり，学習カードで提示します。子どもたち自らが練習の場を選択して練習できるように工夫します。

　個人の練習として取り組んだ後は，チームの時間の中で，作戦に応じた練習に取り組みます。その際も，個人練習と同様に図のような学習カードを参

考にしながら，練習を考えさせます。慣れてくると，示した練習内容をアレンジして，自分たちのチームに必要な練習を考えて，実践できるようになります。

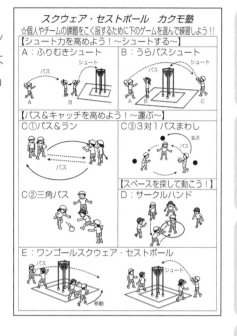

2 課題別練習を意識して，ゲームさせる！

①ボールを運ぶ

課題例：「空いている人はどこかな？」「すばやくパスしよう！」「ふんわりパス？バウンドパス？はやいパス？」

②組み立てる

課題例：「空いているスペースはどこかな？」「リードパスを意識しよう！（空いているスペースへパス・空いているスペースへ走り込む）」

③シュートする

課題例：「ノーマーク・フリーでシュートエリアの近くからシュートを打とう！」「ひざを使ってふんわりと！」

47

「返せるか・返せないか」の意識をもった練習を行う

領 域	ボール運動	運 動	ネット型

視点2　振り返りと次時と学習課題設定の工夫　視点3　学習過程の工夫

指導場面

　上手くなるために練習は欠かせません。しかし，教師が提示するドリルのような練習では，子どもたちにとってやらされている練習となり，主体的とは言えません。そこで，子どもたちが自分の現状を自分なりに解釈して，自分で練習を選択し，上手にできるようになっていくプロセスを大切にします。

　ここでは，ネット型の攻守一体型（テニピン）の課題別練習を紹介しますが，この取り組みは，ネットを挟んで行うネット型全般に転用できます。

※テニピンルールなどの詳細は「コラム　個が輝くネット型ゲーム『テニピン』p.156」を参照してください。

全員参加のためのポイント！

「返せるか・返せないか」を意識した，4つの場をつくって練習を実施しましょう！

1　必要感に応じて4つの場から練習を選択させる！

　Aに示した「キャッチ＆ショット」は，狙ったところに打ったり，組み立

てを意識したりして練習する場です。一度，捕球してから返球することで，意識したことを実現しやすくしました。ラリーを4回続けてから5球目以降を得点とするテニピンのゲーム形式で行わせます。

Bに示した「エースをねらえ」は，1コートを縦に二等分し，1人対1人のテニピンのゲーム形式で行う場です。どのようにしたら得点できるかを考え，浅いボールや深いボールへの状況を判断しながらゲームを行わせます。

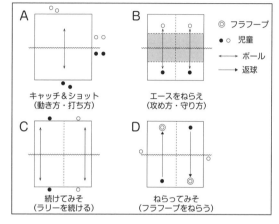

Cに示した「続けてみそ」は，ラリーを続けることをねらった練習の場です。3回失敗したら交代するなど，ローテーションしながら行わせます。

Dに示した「ねらってみそ」は，狙ったところにボールを打つ練習の場です。下から軽く投げてもらったボールを打ち，ネットの反対側に置かれたフラフープに入れることを目的とし，3球打ったら交代するなど，ローテーションしながら行わせます。

2 ゲームを振り返り，次時のめあてを立てさせる！

授業後，次時に取り組みたい練習に名前を書かせ，一人ひとりのめあてを把握します。

48

分析カードを活用して「見る・支える・知る」の役割を与える

指導場面

　ボールゲームの学習では，ゲームに参加している子だけでなく，参加していない子も役割をもつことが大切です。すべての子が同時にゲームに参加できるわけではないので，参加していない子に「見る・支える・知る」観点をもたせ，学びの場を保障することは，「する」立場になった時の技能向上にも生かされます。

全員参加のためのポイント！

ゲームを分析できる学習カードを作成し，何を見て，どのようなアドバイスをすればよいかを考えさせましょう！

1　分析カードの種類を知る！

<触球数やシュート数，得点数を分析する>

　個人がどれだけゲームに参加しているかを分析することができます。

<空間の使い方を分析する>

　空いているスペースの有効活用について分析することができます。

2 学年の発達段階に応じて分析カードを使い分ける

　中学年から発達段階に応じた分析カードを提示し，積み重ねていくと，高学年段階では，「Bのスペースを使えているか調べたいので，空間分析カードください」と自分たちから分析カードを欲するようになります。振り返りの時間では，分析カードをもとにした話し合いが活発に行われます。

　中学年では，下のハンドボール分析カードのように，個人に目を向け，ボールに触れられているか，シュートが決められているか，を分析します。

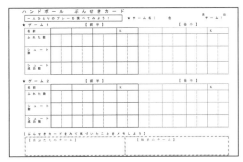

　高学年では，空いている空間に目を向けさせるようにして，どこのスペースを有効活用すべきかや，ボールを持っている子と持っていない子の意思疎通ができているかなどを分析するようにします（セストボール）。

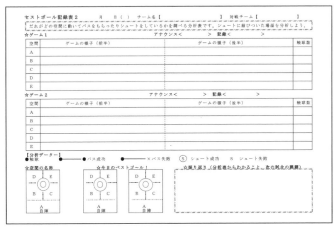

49

ICTで「撮る・見る・共有する」を活用させる

領　域	ボール運動		運　動	ボール運動全般

視点2　振り返りと次時と学習課題設定の工夫

指導場面

　タブレット端末の撮影機能を活用して，子どもたちの学び合いを促進する取り組みは，今では多くの実践者が行っています。しかし，ボールゲームのような動きが流動的な運動の場合，ゲーム中に撮りたい場面がいつ創出されるかわかりません。作戦が実現した場面を振り返りの時間で確認しようとすれば，ゲーム中，ずっと撮りっぱなしにして，その場面を探すほかありません。

　こうした問題を解決したアプリを開発し，ボールゲームの学習に活用しています。

全員参加のためのポイント！

ICTで「良い動き」「作戦が実現した動き」が創出された場面の前後6秒間の動画を切り取り，振り返りで活用させましょう！

1　アプリ「Doyatta?!」の使い方を知る！

　アプリ「Doyatta?!」（https://www.doyatta.com/）は，筆者が共同開発者としてかかわって作成したアプリです。良いプレーが起こった時に撮影のボタンを押すことで，「押した瞬間から前後3秒ずつ，合計6秒」の切

り取り動画の生成を可能にしました。撮りたい瞬間を撮り逃さないという点が大きな特長です。合計6秒のプレーであれば，いくつもの良いプレーを断片的に撮影することができ，自分達が見たい場面を振り返りの時間に共有し，有

効活用できるという点において，画期的なアプリと言えます。また，撮影した動画に「いいね」ボタンを付け，「いいね」の多い順に並べることができるようにもしました。この機能があることで，限られた振り返りの時間の中で「いいね」が多くついている良いプレーに絞って「見る」「共有する」ことも可能にしました。

2 「いつ，誰が，どこへ動くの？」を共有させる！

チームの作戦に応じて，「ボールを運ぶ」「組み立てる」「シュートする」のどの局面を撮影するのか，視点を絞るようにすると，チームにおける話し合いが活性化します。何を，どの場面を撮ったら良いのかという点について曖昧さがなくなります。また，撮る場面をチーム全員で

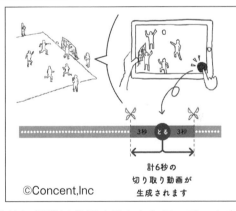

共有できるようになり，個々が主体的に授業に参加するとともに，チーム内での対話が活発化し，学び合いが深まります。

単元前半は「ボールを運ぶ」「組み立てる」，単元後半は「組み立てる」「シュートする」に撮影視点を絞るようにすると良いでしょう。

50

子どもと教師で話し合い，
納得できるチームづくりを行う

| 領　域 | ボール運動 | 運　動 | ボール運動全般 |

視点4　チーム性をもたせる工夫

指導場面

　「ボールゲームではどのようにチームづくりをされていますか？」と先生方から聞かれることがあります。筆者もこれまでに，色々な考え方のもと試行錯誤してきましたが，今では，1つの決め方でチームづくりをしています。

　大切なことは，チームの力を均等にし，勝敗の未確定性を保障すること，そして，何よりも教師が一方的に決めてしまうのではなく，子どもと教師で話し合い，クラスのみんなが納得するチームづくりをすることです。

全員参加のためのポイント！

教師の思いを伝えるとともに，チームの力が均等になり，子どもたちが納得できるチームをつくりましょう！

1　チームづくりに対する教師の思いを伝える！

　子どもたち自身が納得したチームであれば，単元中に，たとえ負けが込んだとしても，「がんばろう！」というチーム意識を強くもつことができます。よって，子どもたちと共に，チームづくりをすることが必要です。一方で，

すべてを子どもたちに委ねてしまっては，人間関係や技能面においてバランスの悪いチームになってしまいます。そこで，教師がチームづくりについての思いを伝え，提案します。

＜キャプテンの重要性＞

ふさわしいキャプテン像として，運動ができるかどうかではなく，チーム全体のことを平等に考えらえるかどうかが大切であることを伝えます。その上で，公平意識をもったキャプテンが，みんなの代表として先生と一緒にチームを決めることを提案し，意見交換します。

2 チームづくりの手順について提案する！

＜キャプテン選出＞

公平意識をもったキャプテンを中心に素晴らしいチームをつくり，勝利を目指し，喜びを分かち合ってほしいことを伝えます。ふさわしいキャプテン像について話し合った上で立候補を募り，意気込みを全員の前で話してもらいます。最後に，クラス全体において多数決でキャプテンを決めます。

＜チーム決め＞

教師の提案について話し合い，賛同を得られれば，キャプテンは強い責任感のもとチームづくりを行います。また，キャプテン以外の子も安心してチームづくりを任せられるといった学級の雰囲気が生まれます。

教師はキャプテンに４つの約束事（①仲良し関係でチームづくりをするのではなく，多くの友達の良さを知ることができるように，普段関わりが少ない友達でチームをつくること，②チーム間における運動する力と作戦を考える力を平等にすること，③発表までは絶対に他言しないようにすること，④最後は先生と一緒に調整すること）を伝え，キャプテン会議の様子を見守ります。

体つくり運動

器械運動

陸上

水泳

ボール運動

表現

51 オフィシャルのルールを絶対視しない

領域	ボール運動	運動	ボール運動全般

視点1　教材・教具・場・ルールの工夫

指導場面

バスケットボールではトラベリングのルールが，ソフトバレーボールでは3回以内に返さなくてはいけないルールがあります。こうしたオフィシャルのルールを小学校体育で必ず取り入れる必要はありません。

小学校体育では，「○○型」と例示されています。その意味を，バスケットボールやソフトバレーボールなどの運動がもつ特有の面白さを学ぶと考えれば，それらの面白さを学べるようにルールの工夫を考える必要があると捉えることができます。

全員参加のためのポイント！

運動がもつ特有の面白さを理解し，全ての子どもがその面白さを十分に味わえるようにルールを工夫しましょう！

1　ルールの工夫は何でもいいわけではないことを理解させる！

学習の振り返りで，「ルールについて，もっと工夫したいことはあるかな？」と子どもたちに聞き，そこで挙がった工夫を次時から採用するケースがあります。しかし，ここで考えなくてはいけないことは，そのルールの工夫は，「その運動がもつ特有の面白さ」に関連しているかどうかです。子どもたちから挙がったルールの工夫であれば何でもよい，という考えではなく，

「その運動特有の面白さを学ぶ時間」と考え，ルールの工夫を焦点化することが大切です。もちろん，子どもたちから挙がったルールの工夫を否定するのではなく，肯定的に受け止めつつ，上記のことと関連づいているかを再考させることで，一層学びが深まります。

2 運動特有の面白さに関連しているかどうかを吟味する！

高学年のバスケットボールを例に考えてみます。

＜バスケットボール特有の面白さ＞

相対する2チームが入り乱れて，チームで考えた作戦にもとづき，手を用いてパスやドリブルなどを使ってボールを運び，ディフェンスを振り切れるように組み立てて，高い位置にある円形のゴールのシュートをして，得点を競い合うことに面白さがある。

＜ルールの工夫を吟味する＞

小学校の多くの子どもたちは，ドリブルを使ってボールを運ぶことはとても難しいと感じています。また，ドリブルをルールに入れることにより，運動の得意な子だけがボールを独占するといった負の側面も見られます。こうした一般的な子どもたちの姿とクラスの実態を照らし合わせて，はじめのルールを設定します。

＜はじめのルールの設定とその後の工夫＞

ドリブルを使わなくても，パスをつなぐことで，バスケットボール特有の面白さを十分に味わうことができます。クラスの実態からドリブルを除きパスのみでゲームをすることに決めます。その後，技能の上達に伴い，子どもたちから「ドリブルを入れたい！」といったルールの工夫に関する意見が出れば，積極的に取り入れていくことが大切です。

52

ボールに触る／得点する機会を保障できるルールをつくる

| 領 域 | ボール運動 | 運 動 | ゴール型（ラインサッカー） |

視点1　教材・教具・場・ルールの工夫

指導場面

　「ゴール型」の主な種目は，バスケットボール，セストボール，ハンドボール，タグラグビー，フラッグフットボール，サッカーなどが挙げられます。これらの「ゴール型」種目は，「攻守混合型（バスケット，セストボール，ハンドボール，サッカー）」と「陣取り型（タグラグビーとフラッグフットボール）」に細分されます。

　「攻守混合型」の中でも足を使うサッカー型は子どもたちにとって難しいため，運動が得意な子たちだけでゲームが展開されることは少なくありません。そこで，みんなが輝けるラインサッカー（サッカー型）のルールづくりについて紹介します。

全員参加のためのポイント！

全員が「ボールに触る」「得点する」機会を保障できるようにルールを工夫しましょう！

1　みんなが輝けるようにゲームづくりを工夫する！

・6チーム編成とし，1チーム5，6人とします。
・キーパー1人，ラインマン2人，フィールドプレイヤー2人，記録1人。

・キーパーはフィールドプレイヤーとして参加します。

・試合時間は，前・後半各4分とします。

2　みんなが輝けるようにルールを工夫する！

・ゲームの始め，得点後はキーパーからボールを蹴って始めます。

・フィールドプレイヤーは足のみ，キーパー・ラインマンは手を使っても可とします。

・ラインマンは直接シュートしてはいけません。

・ラインマンはパスを受けたらその場でパスをしなければいけません。

・反則があった場合は，反則を犯した場所から相手ボールとします。

・得点者が得点板をめくりにいきます。（3対2の局面の使い方）

・審判は相互審判制とします。（クラスの実態に応じて）

3　ラインマンを使った作戦を考えさせる！

　ラインマンとは，フィールドの外（ドッジボールでいう外野の存在）で手を使ってパスができるプレイヤーです。ラインマンを取り入れることによって，「ゲームに参加できる人数を増やせること」，「ボールに触れる機会を保障できること」，「ラインマンを使うと意図した作戦が実現しやすくなること」など，学びの効果的な機会の保障につながり，難しいと言われるサッカー型学習には有効的な存在です。

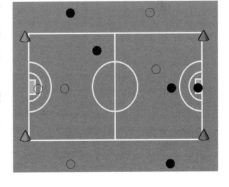

53

ソフトバレーボールの特有の面白さを
もとにルールを工夫する

視点1　教材・教具・場・ルールの工夫

指導場面

　これまでに取り組んできたソフトバレーボールの授業実践では，連携プレーを学習内容の中核としながらも，単発返しが目立ったり，ラリーが成立しなかったりすることが多く，意図的な連携プレーとは程遠いゲーム展開がなされていました。そこで，技能面を易しくするだけでなく，考える時間が生まれ，意図的な連携プレーが創出されるようにルールを工夫しました。

全員参加のためのポイント！

ワンバウンドルールを採用し，意図的な連携プレーの面白さを全ての子どもに味わわせましょう！

1　ソフトバレーボール特有の面白さを理解させる！

　まずは，本物のソフトバレーボールの魅力を感じてもらうため，テレビで日本代表戦を観戦し，どのようなところに面白さがあるのか，感想を出し合います。「アタックが強烈」「レシーブが真ん中に返っている」「組み立てをして攻撃している」など，次第に「連携」することが得点につながることを理解していきます。

2 ワンバウンドルールを提示する！

　「連携」の必要性を理解したタイ
ミングで，「ワンバウンドあり」の
ルールを提示します。観戦したゲー
ムのように，ノーバウンドで組み立
てて攻撃することが難しいことを十
分に理解している子どもたちの賛成
を得た上で，はじめのルールを設定
します。「ワンバウンドあり」では，

バレーボールではなくなる，といった反応もありますが，このことについて
意図を答えられるように，その運動がもつ特有の面白さをしっかりと理解す
ることが必要です（45　テニス型とバレーボール型の面白さの違いを理解し
て授業をつくる　p.122参照）。

　今もっている力で楽しめる，かつソフトバレーボールがもつ特有の面白さ
を味わえるゲームと出会い，これから展開される授業への子どもたちの期待
感を高めることができます。

3 面白さの飽和状態になったら，更なる工夫を考えさせる！

　「ワンバウンドルール」で行い，自陣で無制限に「ワンバウンド」させて
組み立ててよいルールで単元が進行すると，ミスする機会が減り，ラリーが
長く続くようになり，面白さの飽和状態になります。その時に，必ず，自陣
での「ワンバウンド」の制限回数がルールの工夫の話題となります。

　これまでの筆者の経験から，「4回という制限回数」が妥当です。制限回
数が加わると「連携」の必要感が生じ，「レシーブを前方に→前方に来たボ
ールを高くあげて→得点しやすい場所を考えて打つ」といった，組み立てて
得点することの面白さに気づき，実践するようになります。よい動きを全体
に共有することで，クラス全体で意図的な連携プレーが出現していきます。

54

バットで上手に打って得点する面白さを体感させる

| 領 域 | ボール運動 | 運 動 | ベースボール型 |

視点2　振り返りと次時の学習課題設定の工夫　視点3　学習過程の工夫

指導場面

　ベースボール型ゲームの醍醐味といえば，「バットでボールを打って，得点する」ことです。遠くに飛ばしたり，ねらった所に打ったりして得点し，チームの勝利に貢献できれば，心に残る体育の時間となるでしょう。

　ベースボール型の良さは，全員に必ず打席が回ってきて，「打つ」場が保障されていることです。一人ひとりが輝ける場となるように，教師が適切な指導を行うことが求められます。

全員参加のためのポイント！

「バットを水平に→腰を回転させて」というステップを踏んで，バットに「あてる・飛ばす」感覚を身につけましょう。

1　バットを水平にして打たせる！

　ベースボール型ゲームの初期段階で，相手が投げたボールを打つことは，とても難しいことです。そこで，止まっているボールを打つことができる，「バッティングティー」を使用することをお勧めします。

　初めてベースボール型ゲームをする子どもの多くは，バットの握り方がわ

かりません。右打者の場合，「右手が下，左手が上」で握る子どもを見かけます。第１時の振り返りの時間に，２つの握り方を示し，どちらが打ちやすいのか，遠くへ飛ばすことができるのかを話し合い，「左手が下，右手が

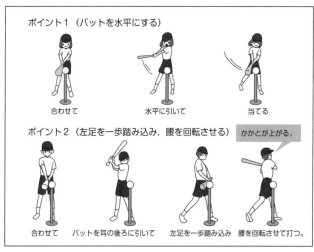

上」の必要感を自分たちで感じさせることが大切です。

　止まっているボールでも「難しい」と感じる子どもたちもいます。準備運動として，腕を横に振るイメージづくりのため，両手を合わせて，顔は動かさず，腕だけを左右に動かす素振りを行います。そして，「①ボールとバットのマーク（芯）を合わせること，②バットを横に引いて水平に振ること」を意識させます。

2　左足を一歩踏み込み，腰を回転させる！

　よりボールを遠くへ飛ばすためにどうしたらよいのかを考えさせます。「腕だけで水平にして打つ姿」と「腕を横に振り，腰を回転して打つ姿」を比較して，気づきを促します。

　準備運動として，両手を合わせ，肘を肩付近まで上げて横に引き，腰を回転させて，腕を水平に振る動きを取り入れることも効果的です。振った後に，「右足のかかとが上」を向いているかの動作確認もしましょう。打つ動作では，「①ボールとバットのマーク（芯）を合わせる，②バットを耳の後ろまで引く，③腰を回転させて思い切り打つ，④かかとをあげる」ことを意識させます。「空振りOK」の温かい雰囲気をつくることも大切です。

体つくり運動　器械運動　陸上　水泳　ボール運動　表現

55 状況判断の面白さを重視する

領　域	ボール運動	運　動	ベースボール型

視点2　振り返りと次時の学習課題設定の工夫　視点3　学習過程の工夫

指導場面

　ベースボール型ゲームでは，打つ技能を高める面白さに加え，「どこへ打つのか」，「打った打球を見て，どこまで走るのか」，「どのように守るのか」，「どこへ返球するのか」といった，状況判断を学ぶことも面白さの1つです。しかし，こうした状況判断は，言葉だけでは理解させることが難しいため，ゲームを工夫して，ステップ式に学ばせていきます。

全員参加のためのポイント！

「バックホームゲーム」から「タッチプレーゲーム」に発展させ，深い状況判断の面白さに誘いましょう！

1　「バックホームゲーム」から始める！

　バックホームゲームの主なルールは，守備側は，素早く本塁に投げ返し，本塁を踏んで「アウト」と声をかけます。攻撃側は「アウト」と声をかけられるまで，ひたすら走り得点を取ります（1塁・1点，2塁・2点，3塁・3点，ホーム・4点）。守備側はホームでアウトとなるため，どこに投げ返したらよいのか，判断が易しくなります。ここでは，守備側の判断（どこを守るのか）が学習のポイントとなります。

　ゲーム中や振り返りの時間に子どもたちの良い動きや状況判断を広めていきましょう。例えば，「外野の子は内野の子に投げ，内野の子はホームの子へ返す中継の動き」，「捕ることが上手い子はホーム，遠くまで投げることができる子は外野，コントロールがよい子は内野」などを紹介し，アウトにするためにどのような状況判断をしたらよいのか理解を深めていきます。

2　「タッチプレーゲーム」へと発展させる！

　タッチプレーゲームの主なルールは，守備側は，走者の動きを見て判断し，先の塁に投げたり，走って走者をタッチしたりします。攻撃側は，タッチされないようにベースで止まったり，戻ったりして，得点を取ります。

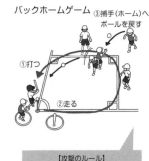

バックホームゲーム　③捕手（ホーム）へボールを戻す
①打つ
②走る

【攻撃のルール】
打者一巡交代。捕手がボールを捕り，本塁を踏んだ時点で到着していた塁が得点となる。
【守備のルール】
外野は捕ったら内野に投げ，内野は捕ったら捕手へ投げ，捕手は捕ったら本塁を踏む。

タッチプレーゲーム　③走者にタッチするためボールを戻す。
タッチアウトされちゃう！
①打つ
②走る

【攻撃のルール】
内野の動きを見て，どこまで進むことができるかを判断する。ベース上以外でタッチされたら，アウト0点となる（止まった塁が得点数）。
【守備のルール】
外野は捕ったら内野に投げ，内野は走者の動きを見て先回りをし，ボールでタッチする。

　攻撃側には，打ったら走り，飛んだボールの位置や外野の返球，内野の動きを見て，どこまで進むことができるかを判断させます。守備側には，バックホームゲームを生かし，守備配置や打者の走る様子を見て，どこへ投げたら良いか状況判断させます。「外野は捕ったら内野に投げ，内野は走者の動きを見て先回りをし，ボールでタッチする」ことを学習のポイントとし，よい動きや状況判断を積極的に称賛し，全体に広めていきましょう。

　また，「バット点」を設け，フラフープなどのバット点ゾーンにバットを置けたら「＋1点」とすると得点が取り易く，安全面でも効果的です。

56

みんなが楽しめるルールを
みんなで創造させる

領域	ボール運動	運動	ボール運動全般

視点2　振り返りと次時の学習課題設定の工夫　視点3　学習過程の工夫

指導場面

　中学年のゲーム学習におけるルールの工夫は，重視すべき学習内容です。技術・戦術学習が注目されがちですが，中学年では，「みんな」が楽しめるゲームのルールを「みんな」で創造する時間をたっぷりと保障することが必要です。このように，みんなが楽しめる視点で工夫されたルールのもとだからこそ，自分やチームのこととして，技術や戦術に目が向いていくのです。

全員参加のためのポイント！

振り返りの時間の中で，「みんなが楽しめる」という視点から，ルールの工夫について話し合う時間を確保しましょう！

1　みんなが楽しめるルールの工夫について視点を示す！

　中学年の子どもたちにルールの工夫について話し合わせると，「もっと大きな声で応援する」，「○○さんががんばっていたことがよかった」など，論点から外れた話し合いになってしまうことがあります。

　そこで，はじめにみんなが楽しめるルールの工夫とはどのようなものかを教師主導で話し合います。例えば，「ハンドボール」の学習で，「今日は，み

んなで初めてゲームをしてみたけれど，どうだった？」と聞くと，「楽しかった！」という声が挙がります。しかし，「楽しくなかった」という感想をもった子の声は表にはでません。

　楽しかったという子に「どうして楽しかったの？」と聞くと，「得点できたから！」「パスをたくさんできたから！」など，「ボールに触れたこと」や「得点できたこと」が楽しかったこととして集約されていきます。集約されたところで，「得点できた人？」「ボールに触れた人？」と手を挙げさせると，クラスの多くの子がその楽しさを味わえていないことに，クラスの子どもたちが気付きます。「では，みんなが楽しめるようにするにはどんな工夫をしたらよいのでしょう」と視点を示せば，「みんながボールに触れる工夫」や「みんなが得点できる工夫」へとルールの工夫の話し合いが自然と焦点化されていきます。

2　ルールの工夫を話し合わせる！

　1で示したような視点に焦点化されると，「その人が最初に取った得点を10点にしようよ。そうすれば，同じ人が何度も点を取るより，全員で得点取ったチームが勝ちとなるよ」といった「ファースト得点は10

点」や「ゲームに出場している3人全員が得点できたら＋10点にしよう！」といった「全員得点はプラス10点」などのルールの工夫が生まれます。このルールの工夫はとても効果的で，ボールを独占しようとする子が減り，運動が得意でない子も積極的にボールに触り，得点を目指すようになります。

　一方，「全員がパスを回してからでないとシュートできないようにしよう」といった提案もあります。全員がボールに触るための工夫ですが，こうした考えは肯定的に受け止めつつ，全員が楽しむことにつながるのかを，みんなで考え直すように促しましょう。

57

練習内容と方法を示したカードを配布し，主体性を保障する

| 領　域 | ボール運動 | | 運　動 | ボール運動全般 |

視点2　振り返りと次時の学習課題設定の工夫　視点3　学習過程の工夫

指導場面

　ボールゲームの授業でよく目にするのは，「作戦に応じて，チームで練習しましょう」という教師の声かけです。教師は，チームに主体的な活動を期待しているのですが，チーム練習の中を見てみると，「何の練習する？」「なんでもいいよ。とりあえずシュート練習でもしようよ」というように，その練習に必要感をもたずに行われていることが少なくありません。子ども側からすると，「練習しましょうと言われても何をどのように練習すればいいのかわからない」のです。

　チーム練習を主体的な学びの場として機能させるテクニックを紹介します。

全員参加のためのポイント！

「何の練習を，どのように行うのか」を示したチーム練習を助けるカードを配布し，選択させることから始めましょう！

1　チーム練習カードから必要な練習を選択させる！

　どのような練習をすればよいかわからない子どもたちにとって，「パスやシュート練習にはこんな練習があるよ」「この練習は，ゴール前でシュート

チャンスをつくるための練習に最適だね」などの情報があれば，主体的にチーム練習の時間を活用していくことができます。

「ゴール型」であれば，「46　視点を明確に提示して課題別練習の意図を考えさせる　p.124」で示しているように，3つの視点「ボールを運ぶ」「組み立てる」「シュートする」から練習内容を提示するようにします。「ネット型」であれば，「45　テニス型とバレーボール型の面白さの違いを理解して授業をつくる　p.122」を参考に，何に面白さを感じているのか

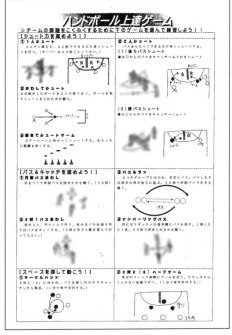

を教師が理解した上で練習内容を考えます。バレー型であれば，「サーブをねらう」「連携（組み立てる）・つなげる」「アタック・強く打つ」練習，テニス型であれば，「つなげる」「ねらう」「組み立てる」練習を提示します。まずは，上図のような練習内容を示し，何の練習をするのかを選択させましょう。

2　チーム練習を発展させる！

　チーム練習の前に，個人の必要感に応じた練習時間をつくります。その際も同様にチーム練習カードから選んで練習するようにします。こうした個人練習を積み重ねると，チームにおける練習がスムーズになるだけではなく，自分たちで練習をアレンジ・発展させて，オリジナルの練習を考えるようになります。まさに，主体的なチーム練習の場となっていきます。

体つくり運動

器械運動

陸上

水泳

ボール運動

表現

58 図面を使って空間認識を高めさせる

視点2　振り返りと次時の学習課題設定の工夫

指導場面

　ネット型ゲームは，ネットを挟んでいるため身体接触がなく，また相手の陣地のどこに空いているスペースがあるのか理解しやすいため，考えた作戦を実現できる可能性が高いという特性をもっています。

　こうした特性をもったネット型ゲームでは，空間認識を学習内容の中核にすることで，空いているスペースに「気付く・攻める・守る」ことを自分ごととして理解できるようになります。そして，空間認識に関する深い思考力・判断力を育んでいくことができます。

全員参加のためのポイント！

図面を示し，空間認識を高めた上で，実際にコートで実演し，頭で理解したことを身体で表現するイメージを全員にもたせましょう！

1 図面を示し，空間認識を高める！

　相手の陣地を4等分し，相手がいる場所をもとに，どこへボールを返球したらよいのかを，全体で考えさせます。

　テニス型ゲーム（テニピン）で考えてみましょう。相手が後方にいれば，前方に，相手が前方にいれば，後方に空いているスペースがあることに気付

かせます。同様に，右にいれば，左に空いているスペースがあるというように，空間認識を高めていきます。

単元前半は，「相手がいないところにボールを返球して，得点していこう」という学習課題になりますが，単元後半になると，「空間を創り出す」ことに話し合いが焦点化されていきます。例えば，Dの空間を攻めたい場合に，相手をAやCに意図的に移動させ，Dが空いている状態を創り，そこを攻めるという作戦を立てて実現を目指す子どもたちが出てきます。さらには，「Cにボールを返球した後，Bに返球すれば，移動距

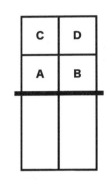

離が長くなり得点しやすくなる」といった前後左右の空間活用まで意識できるようになります。

こうした空間認識が振り返りの大切な視点となり，クラス全体で共有することで，一

人ひとりの深い学びにつながっていきます。

2　空間認識を身体表現するイメージをもたせる！

空間認識ができても，身体表現のイメージがもてなければ，ゲームや練習に生かすことはできません。そこで，Aにボールを返球した後，Dにボールを打って得点する場面を，技能の高い子にお願いをして，教師と一緒にデモンストレーションすると効果的です。

なお，学びの過程の中で，身体で表現することができなくても，空間認識を高められているかどうかについてを評価していくことが大切です。

59

ボールの落下点を予測し，移動する力を スモールステップで高めさせる

領 域 ボール運動 **運 動** ネット型

視点2 振り返りと次時の学習課題設定の工夫

指導場面

ネットを挟んだ相手から送られてくるボールを返球するには，まず，落下点に自分の体を動かす必要があります。そして，ボールを自分の体の正面でとらえる感覚を養うことが大切です。その動きができないと，相手コートへボールを安定して返球することができません。

どのようにしてその感覚を養えばよいのか2つのゲームを紹介します。

全員参加のためのポイント！

フロアでのゴロ→ワンバウンド→ノーバウンドの順にステップアップさせてボールの落下点を予測し，移動する力を高めさせしょう。

1 「コロコロくん」→「キャッチ＆スロー」ゲームへステップ！

まずは，「コロコロくん」を行います。ネットを挟まずに，2人でゴロのラリーをします。相手から送られてきたボールを両手でキャッチします。その時に必ず，体の正面でボールをキャッチするようにします。そして，相手へ転がして返球します。慣れてきたら，ボールを相手から遠く離れたところへ転がし，変化を加えましょう。

次に「キャッチ＆スローゲーム」を行います。ネットを挟んで2人でキャ

ッチボールをします。
一方は，下からボール
を投げ，もう一方はワ
ンバウンドで捕球しま
す。慣れてきたらミニ
コートに２人ずつ入り，
ゲーム形式で対戦して
みましょう。ゲームの
仕方は，２人対２人で
対戦し，ペアは交互で
返球するようにします。

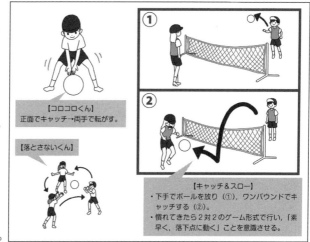

【コロコロくん】
正面でキャッチ→両手で転がす。

【落とさないくん】

【キャッチ＆スロー】
・下手でボールを放り（①），ワンバウンドでキ
　ャッチする（②）。
・慣れてきたら２対２のゲーム形式で行い，「素
　早く，落下点に動く」ことを意識させる。

攻める側は空いている空間を考えて投げ入れます。守る側は，落下点を予測
し，素早く動き，正面でボールをとらえることが大切です。

2 「落とさないくん」にチャレンジさせる！

　「キャッチ＆スローゲーム」では，落下点に素早く移動し，正面でボール
をとらえる感覚を生かし，距離や方向を定めて返球することをめあてにしま
した。この感覚や技能を活用し，今度は２人でボールを落とさずに何回続け
られるかに挑戦してみます。ノーバウンドでの返球になることから，初めは
「難しい」と感じる子も多いですが，慣れてくると，落下点への予測が素早
くなり，返球がスムーズになります。また，「投げる」から「弾く」になる
ことへの指導ポイントとして，はじめは「手のひら」で返すことを許容しつ
つ，正面でボールをとらえ，安定した返球につながる「アンダーハンド」
（手首の位置）で返すことの良さをみんなで考えていくと良いでしょう。慣
れてきたら，３人や４人で挑戦することで，連携プレーにつながっていきま
す。

60

「学びの転移」を意識した ボールゲームカリキュラムを考える

| 領　域 | ボール運動 | 運　動 | ボール運動全般 |

視点2　振り返りと次時の学習課題設定の工夫

指導場面

　1年生から6年生までのボールゲームのカリキュラムを考える際，何の種目を選択（スコープ）し，どのように配列（シークエンス）するのか，そこに明確な意図をもつことが必要です。

　「バスケットボールとサッカーは昔から行っているから，外せない」「このスポーツはニュースポーツで流行っているからやってみよう」「タグラグビーは，5年生くらいでいいよね」といった安易な考えで選択・配列をするのではなく，2つの視点をもつことによって，1年生から6年生までのボールゲームにおいて学びが転移し，価値のあるカリキュラムとなります。

　その視点となるのは「戦術的側面」と「技術的側面」です。

全員参加のためのポイント！

「戦術的視点」「技術的視点」をベースに，ボールゲーム種目を選定・配列し，学びの転移が生じるカリキュラムをつくりましょう！

1　カリキュラムづくりのポイントを整理する！

　小学校体育では，6年間の間に多種多様な運動種目に触れさせ，生涯に渡

ってスポーツに親しむ基盤をつくる役目があります。しかし，たくさんある
ボールゲーム種目から，何をどのように選ぶのかを考えることは難しい作業
でもあります。そこで，「戦術的視点」をもとに，ボールゲーム種目を選択
します。戦術的側面から，ゴール型はシュートゲーム型と陣取り型に，ネッ
ト型は連携プレイ型，攻守一対プレイ型に分類されます。このすべての型を
6年間の中で経験することができれば，戦術的側面からのボールゲームの面
白さを味わえることになります。

2　選択した種目を配列する視点をもつ！

　すべての型にあてはまるようにボールゲーム種目を選択した次の作業とし
て，どのように配列するかが重要になります。

　下の表のシュートゲーム型の配列には，明確な意図があります。高学年の
バスケットボールにつなげるためには，中学年で360度どこからでもシュー
トが打てるという特性をもったセストボールを選定します。空間認知がしや
すいことに加え，パスゲームという技術的な易しさもあります。そのセスト
ボールよりも先にハンドボールを選定しています。ハンドボールは，片手で
操作しやすい，シュート空間が広くシュートを打ちやすいといった技術的側
面の易しさがあるため，セストボールよりも先の配列を勧めます。

　このように，戦術的視点に技術的視点を加えて配列することによって，学
びが転移していきます。

	高橋健夫ら分類	1年	2年	3年	4年	5年	6年
ゴール型	シュートゲーム型	的当てゲームドッジボールボール蹴りゲーム	キックベースシュートボールキックシュート	ハンドボール	セストボール	バスケットボール	バスケットボール
	陣取りゲーム型	鬼遊び		タグラグビー			

表　ボールゲームのカリキュラム（東京学芸大学附属小金井小学校：一部抜粋）

視点1　教材・教具・場・ルールの工夫

指導場面

　「この教材で授業をしたいけれど，場づくりが大変，用具がない」といったことで授業づくりを諦めてしまうケースが少なくありません。体育の授業づくりでは，各学校の環境に応じた「既存」ベースで考えることが必要です。

　既存のものをアレンジすれば，授業づくりのアイデアが広がること間違いなしです。

全員参加のためのポイント！

学校環境を把握し，「既存」のものを活用・アレンジして，様々な授業づくりにチャレンジしましょう！

1　場づくりは既存のラインをできる限り生かす！

　グラウンドでラインを引いたり，体育館でラインテープを貼ったりすることはとても大変な作業です。グラウンドのライン引きの工夫として，3年生で行っているタグラグビーのラインを5年生のサッカーでも活用するなど，学校全体でそのラインを活用できるように，年間指導計画をつくることも1つのアイデアです。

体育館の場合は，既存のラインを可能な限り生かすとよいでしょう。既存のコートを少し変えたい場合は，４隅だけに，「　」のラインテープを貼り，コート枠を示したり，床にペタッと置くラインマーカーなどを活用し，ライン貼りの作業を軽減したりすることができます。

2 既存のものを活用，アレンジして用具・場づくりをする！

＜ボールのアレンジ例＞

　本校の低学年では，ボンバーゲームというネットを挟んで，ボールを落とさないように投げ合うゲーム（熊本大学教育学部附属小学校開発）を行っています。市販のボールでは，ゆっくり落ちてくるボールがありません。そこで，ビニール袋に緩衝材を入れて投げやすく捕りやすいボールをつくります。このボールによって，子どもたちはいきいきとボンバーゲームを楽しんでいます。

＜ネットのアレンジ例＞

　学校にネットがなくても，既存にある用具で代替することができます。例えばテニス型のゲームの場合は，写真のように，コーン，バーやハードルでネットをつくることができます。バレーボール型においても，高跳びの支柱にスズランテープを張ることで，十分に代替できます。

＜ゴールのアレンジ例＞

　ハンドボールで，上手な子がロングシュートばかりして，みんなが輝くゲームにならない，ということがあります。ハンドボールゴールを横ではなく，縦に置くと，ロングシュートはなくなり，横の空間を活用したパスが生まれ，みんながボールに触れ，得点する機会の保障にもつながります。

体つくり運動

器械運動

陸上

水泳

ボール運動

表現

Column
個が輝くネット型ゲーム
「テニピン（テニス型ゲーム）」

1　注目されるテニス

　錦織圭選手，大坂なおみ選手はじめ，日本人選手が活躍し，メディアでもテニスは注目を集めています。また，望月慎太郎選手が2019ウィンブルドンジュニアで優勝し，ジュニアの世界ランキング１位になり，テニス界はこれまでにない盛り上がりを見せています。

　このようにメディアでテニスが取り上げられることが多くなったことで，小学校の子どもたちにとっては，身近なスポーツとして人気となり，習いごとランキングでも上位を占めるようになりました。

2　難しい印象のテニス型授業

　人気のあるテニスですが，小学校体育では「難しい」という印象が先行し，これまで小学校学習指導要領では取り上げられてきませんでした。確かに，ラケットを操作することは，「難しい」「危ない」と先生方は感じると思います。それだけではなく，シングルスやダブルスで行うテニスは，１コートで

ゲームに参加できる人数が少ない上，最大40人に対応できるだけのコート数の確保は難しい，と考えるのは当然なことです。コート数が確保できず，ゲームに参加できる人数が少なければ，必然的に運動量の確保もできず，テニス型授業は難しいという印象があるのも自然なことでしょう。

3 個が輝く！易しいテニス型ゲーム「テニピン」の開発

　筆者は，テニス型授業の難しさを理解しつつも，それ以上に小学校体育でテニスを扱う意味や価値があると考えていました。

　これまでのボールゲームの課題として，１ゲームの中で全くボールに触れない子や得点できない子が多くいて，学習に自分ごととして参加できていない姿があることや，全ての子どもたちがゲームを楽しめていない状況があることが挙げられます。しかしながら，テニスはシングルスとダブルスをもとにゲームを行うので，ボールに触れる機会が保障され，その分得点できる可能性も保障されるといった，「個が輝ける良さ」があります。この良さを最大限に活かし，小学校体育の中で子どもたちに「テニスの面白さ」を味わわせたいという強い想いから，「テニピン」は開発されました。

4 「テニピン」とは

　「テニピン」とは，テニスの面白さを誰もが味わえるように，易しさを追究して，用具とルールをアレンジしたゲーム，ボール運動領域の「ネット型」ゲームです。バドミントンコートとほぼ同様のコートの大きさで，手作り段ボールラケットや手の平を包み込むようなタイプのラケットを手にはめこみ，ネットを挟んでスポンジボールを打ち合います。2017年に改訂された小学校学習指導要領解説体育編の中学年・高学年において「バドミントンや

テニスを基にした易しい（簡易化された）ゲーム」が例示されたことで，「テニピン」が多くの小学校体育授業で扱われることを期待しています。

＜主なルール＞

・ゲームはダブルスで行い，ペアで交互に打ちます。

・4球ラリーを続けてから，5球目以降を得点とします。5球目までに失敗してしまった場合は，その数からやり直しができ，相手の得点にはなりません。

・2バウンドまでに打ち返せばよいこととし，ノーバウンド返球はなしとします。

＜用具・場づくり＞

・手作り段ボールラケット（20×20cm大の段ボール2枚を，片手をはさめるようにゴムで留めます）→作り方はホームページ参照

・ハンドラケット（段ボールの代わりに，スポンジなどの材料（100円程度）でも作成できます）→レンタル・購入については，ホームページ参照

・ボール（スポンジボールを使用します。1球200円程度です）

・ネット（市販のネットもありますが，学校にあるハードルやコーン・バーなどでも代替できます　p.155参照）

5　日本テニス協会（JTA）全面サポート

　公益財団法人日本テニス協会全面サポートのもと，全国へのテニス型授業「テニピン」の普及に取り組んでいます。

　2019年10月，東京有明コロシアムで行われた UNIQLO イベントにおける，

日本テニス協会キッズクリニックの中で，錦織圭選手，ロジャー・フェデラー選手参加のもと，「テニピン」の授業を行いました。世界的な選手から「テニピン」の良さを認めてもらい，普及への大きな励みとなりました。

6　松岡修造さんの「テニピン」に対する熱い応援

　筆者の授業を見学してくださった松岡修造さんは，日本テニス協会発行の「個が輝く！テニス型授業－テニピンを教える指導者のためのガイドブック－」のコラムの中で「テニピン」への思い次のように述べています（※ガイドブックはホームページからダウンロードできます）。

　『授業を見学させていただいて僕が一番うれしかったのは，楽しそうに笑顔でボールを追いかけていた子どもたちの姿です。技術を向上させることだけが目的ではなく，コミュニケーション能力，決断力，自分たちで作ったルールを守る，そういった子どもたちの心を育む授業が展開されていました。だからこそ，安全で，簡単で，みんなが楽しめる「テニピン」を授業に取り入れ，子どもたちと一緒にテニスの魅力を味わってほしいー。この思いを，ひとりでも多くの先生方にご理解いただけるよう，「テニピン」普及のお手伝いをこれからもさせていただきたいと思っています』

　松岡修造さんは，小学校体育におけるテニス型授業に魅力を感じ，心から応援してくださっています。個が輝くテニス型授業「テニピン」が，日本中の学校で行われ，テニスの面白さ，運動の面白さに没頭する多くの子どもたちの姿が見られることを願ってやみません。

　テニス型授業「テニピン」に興味関心のある方は，日本テニス協会ホームページ「テニピン専用ページ」にアクセスいただければ，関連資料ほか，授業動画や松岡修造さんの応援メッセージもご覧いただくことができます。

（公財）日本テニス協会 テニピン専用ページ

https://www.jta-tennis.or.jp/teniping/tabid/723/Default.aspx

領　域　表現　　運　動　民舞

視点1　教材・教具・場・ルールの工夫　視点4　チーム性をもたせる工夫

指導場面

　運動会における表現運動の定番といえば，「ソーラン」です。「ソーラン」には南中ソーランやよさこいソーランなど様々な種類があります。

　多くの学校では，「①踊りを覚え，②隊形を確認し，③通し練習をする」といった流れで指導にあたっていると思います。この指導法は，教師からの一方通行になり，子どもの主体性は発揮されません。そこで，子どもたちの主体性を大切にした「よさこいソーランと創作ダンスを組み合わせた表現運動」の授業づくりを紹介します。

全員参加のためのポイント！

よさこいソーラン「よっちょれ」の踊りの中に，子どもたちが考えた創作ダンスを組み入れて，オリジナルソーランを創りましょう！

1　よさこいソーランの全体像を伝える！

　授業の1時間目は，オリエンテーションを行います。そこで，どのような踊りを目指していくのか，「よさこいソーラン」とは何か，どのような踊りか，どのように隊形移動するのか，を説明し，全体像を伝えます。

＜よさこいソーランとは？＞

　「よさこいソーラン」祭りは北海道の代表的なお祭りの１つと言われています。参加者たちが楽しみながらつくりあげる，自由でオリジナリティーにあふれた踊りは，多くの人々を魅了しています。「よさこいソーラン」を踊るときに守ることは以下の２つのことです。

・手に鳴子を持って踊ること

・曲にソーラン節のフレーズを入れること

＜どのような踊りを目指していくのか？〜きまりと自由の融合〜＞

・踊りの大きさや美しさだけでなく，隊形移動でも観客を引きつける（よさこいソーラン：よっちょれ）。→型（きまり）

・表したい感じやイメージを強調したり，変化をつけたりして踊る（創作ダンス）。→創作（自由）

2　主体性を大切にする！

　主体的に踊りを創作する時間と場をつくります。クラスを４つ程のグループに分け，それぞれのグループに右のような学習カードを配布します。そして，踊りを自由に考え，練習する時間を保障します。

　グループごとに見合う時間をつくることによって，他の

創作演技練習計画表	班　　組　　名前
練習日	練習内容（どんな練習をするのか具体的に書こう。） ※８×１１カウントのどこを練習するか等
◎事前	リーダー中心に練習初日までに踊りの内容を考える。
①10／1	
②10／3	
③10／5	

グループの良いところを自分たちのグループに取り入れるなど，学び合い，踊りを高めていくことにも生かされます。

子どもたちが安全に，考えて動く組体操をつくる

領 域	表現	運 動	組体操

視点2　振り返りと次時の学習課題設定の工夫　視点3　学習過程の工夫

指導場面

　近年，組体操は，危険性を伴うことから，運動会で行わない学校が増えています。一方，子どもたちの一体感を表現する姿から教職員や保護者が感動したり，小学校の思い出の1つに組体操を挙げる卒業生がいたりすることも確かです。

　本校では，様々な議論がなされてきた中で，「安全面」を重視して，子どもたちが一体感・達成感を味わえる組体操を継続して行っています。

全員参加のためのポイント！

巨大化・高層化するのではなく，「一体感・達成感」を重視した，表現としての美しい組体操を目指しましょう！

1　巨大化・高層化はしない！

　安全面を考えるときには，大きな技の取り扱いを学校全体で確認することが必要です。本校では，「3段タワー」について，十分に安全面に留意した上で6・6・3・1（16人タワー），6・3・1（10人タワー）については実施してもよいこととしました。1つのタワーにつき教員補助を必ず入れることにしています。また，全員で行うのではなく，体格や体力を考慮し，代

表児童で行うなど学年の実態に応じて行うことも確認しています。

「ピラミッド」は，人間ピラミッド（立体）については最大５段までとし，平面のピラミッドは３段ピラミッド（６人），４段ピラミッド（10人）までとし，一番上の子は立たない形で取り組むようにしています。これらの技は，必ず補助があるもとで行うことを共通確認しています（検討会時の写真参照）。

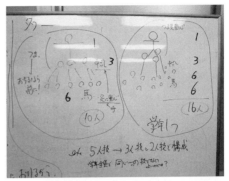

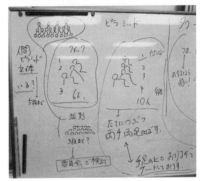

2　組体操で何を学ぶのか，子どもたちと一緒に考える！

　組体操で学べることは下記の６点と筆者は考えています。

①心と体を育む

②技術の中でも「美しい姿勢」（難しい技よりむしろ美しい形や動作）

③からだの重心がどこにあるのか（自分・相手）

④協力（一体感，心のつながり，気持ちをそろえることを表現）

⑤安全な身のこなし（倒れる，のぼる，おりる）

⑥忍耐力

体つくり運動

器械運動

陸上

水泳

ボール運動

表現

64 クライマックスを引き立てる構成を考える

領域	表現	運動	組体操

視点1　教材・教具・場・ルールの工夫

指導場面

一つひとつの技を重ね合わせた先のクライマックスで，大きな達成感を子どもたち自身が感じ，そして，見ている人たちを感動へと誘う組体操を目指したいものです。

クライマックスを引き立てるためには，少人数技から大人数技へと構成を考えること，音楽を技に合わせることが必要です。

全員参加のためのポイント！

少人数技から大人数技へと構成を子どもたち自身が頭に入れ，音楽のリズムに合わせて，自分たちで考えて動けるようにしましょう！

1　構成のイメージをつかませ，主体的に関わる組体操を目指す！

前に教師が立ち，笛の合図でキビキビと子どもたちが動く組体操を目にしてきた中で，主体性を大切にした組体操はできないだろうかと試行錯誤してきました。その結果，次ページ図のような資料を渡して，音楽のリズムと技の構成をはじめに紹介し，リズムに合わせて子どもたちが考えて動く組体操をつくりました。指示は必要なくなり，子どもたち自身が，「揃えて美しく見せたい」「素早く動いて，技の完成度を高めたい」と主体的に組体操に関

わるようになっていきました。

「組体操」　東京学芸大学附属小金井小学校６年　　　　　　　　　　いまいしげき

◎テーマ【ツナグ】　　　　　　　　　　　　　　　　　　　　　　　NO. 1

【入場：ガリレオ　VS.2013】　　１分以内
・各クラス１０人×４列で一人一回馬跳びをして入場。
・五人目で馬上前転、十人目ではね跳びをする。

【二人技「１・２・３―恋がはじまる―／いきものがかり」】　１分２０秒

	歌詞	呼	技	図
			曲開始まで気をつけで待つ	ひざを伸ばし、足のうらを合わせる。
二	前奏	8	お尻をついて向かい合って座る	
人	前奏	8		
技	前奏	8		
①		8	◆二人V字バランス	ひざのあたりを持つ。
		8	（8×2）	
			◆すべり台	すべり台
			すべり台準備	
		8	大：右膝をついて座る	なるべく近く。
		8	大：肩にかけた足をもつ	
		8	小：相手の足の近くに手を着く	持ち手は胸をそらさないがら、うでを上げる。
		8	大：足をもちあげて完成	
		8	（8×2）	
		8	小：足をおろして立つ	
			大：立つ→前後に並ぶ	
			◆肩車	両手をしっかり握く。

2　技の構成と音楽を工夫する！

　少人数から大人数へと技を構成します（例：２人技→１人技→３人技→５人技→ウエーブ→ピラミッド→クライマックス）。少しずつ，技を難しくするスモールステップの要素をもたせ，技の完成度を高めていくとともに，する側・見る側が，テンションを高められる音楽を選曲することも大切です。

　上の表に示した組体操のテーマは「ツナグ」としていたため，クライマックスでは，「栄光の架け橋（ゆず）」を選曲し，一番盛り上がる場面で，タワーなどを完成させるようにしました。

　怪我なく安全に，そして，大きな技や難易度ではなく，技の構成や美しさをもとにテーマ及び一体感を表現する組体操に取り組むことができれば，子ども・教師・保護者，全員が一体となる瞬間を味わうことができます。

おわりに

「全員参加＝個が輝く体育授業」は，これまで私が様々な授業を参観して学び，自分自身の実践を重ねて，創り上げた授業スタイルです。

めあてを大切にする学習形態，技能に特化しスモールステップ形式で取り組む学習形態，話し合いを大切にする授業，運動量を大切にする授業―。

数多くの授業実践を参観する中で気付いたことは，それぞれの学習形態は独立して存在するのではなく，批判し合うものでもなく，それぞれの良さが組み込まれているということです。

私たち実践者が，何かの理論を拠り所に授業づくりをすることは大切なことです。しかしながら，より良い授業づくりを求めていくには，１つの考え方に固執するのではなく，広い視点から様々な授業スタイルに目を向け，良い点を積極的に自分自身の授業づくりに組み込んでいく，「柔軟性」が必要です。

私は，東京学芸大学大学院で体育科教育学について学びました。同時期に，筑波大学附属小学校の体育科非常勤講師として実践を学ばせていただきました。この経験が，今もなお，私の体育観に大きな影響を与え続けています。

当時の東京学芸大学の先生方，そして，筑波大学附属小学校の先生方に記して感謝の意を申し上げます。

さて，「全員参加＝個が輝く体育授業」のハイライトとして，「テニピン」の授業づくりが挙げられます。

「テニピン」を開発した最も大きな理由は，「個が輝けるボールゲームの授業をつくりたい」「小学校体育でテニスの面白さを味わわせたい」と考えたことです。

初任の頃から，テニス型授業に取り組んできましたが，なかなか普及につながる手ごたえを感じることができませんでした。なぜなら，小学校では難

しいとされ，取り扱われてこなかったテニスですが，何が難しいのか，どうして小学校体育で取りあげられてこなかったのか，それらの背景について，具体的な検討をせずに実践していたからです。

　検討を始めると，様々な気付きが生まれました。「場の問題」「運動量の問題」「用具の問題」「攻守一体タイプの難しさの問題」などです。個が輝くテニス型の授業だと思い込み実践をしていましたが，実は，個が埋もれてしまう要素がたくさんあったのです。これらの問題に1つずつ丁寧に向き合い，17年間かけて解決し，今存在しているゲームが，全員が主体的に参加し，個が輝ける「テニピン」なのです。本校の子どもたちは卒業までに全員が「テニピン」を経験します。そして，人気運動種目の1つになっています。

　現在，「テニピン」の魅力に賛同してくださった松岡修造氏や日本テニス協会の全面サポートを受け，小学校体育授業への普及活動に取り組んでいます。2019年10月14日には，東京有明コロシアムにて，錦織圭選手，ロジャー・フェデラー選手がテニピンの授業に参加し，テニピンの魅力を発信してくれました。

　「個が輝く＝全員参加」をベースに，子どもたちの目線から，一つひとつの問題を丁寧に解決していく授業づくりは，目の前にいるすべての子どもたちを「運動って面白いな！」という魅力に引き込むきっかけになります。そして，多くの人々を引きつける魅力があることを実感しています。

　最後に，体育の面白さを教えてくれた私のクラスのすべての子どもたちに，心より感謝申し上げます。

2020年11月

今井茂樹

【著者紹介】

今井　茂樹（いまい　しげき）

1979年長野県岡谷市生まれ。
東京学芸大学附属小金井小学校教諭。
東京学芸大学教育学部卒業。
東京学芸大学大学院教育学研究科体育科教育学専攻修了後，東京学芸大学附属小金井小学校教諭，天津日本人学校教諭を経て，現職。
東京学芸大学非常勤講師，日本テニス協会普及委員を兼務。
体育テニス型ゲーム「テニピン」の開発者。
主著に，『見通しを持って楽しむやさしいボールゲーム』（単著，学事出版，2007年），『個が輝く！テニス型授業』（単著，日本テニス協会，2019年），『小学校体育　指導スキル大全』（共著，明治図書出版，2019年）等がある。

〔イラスト〕みやびなぎさ（p.141, 143, 151）

小学校体育　全員参加の指導テクニック

2021年2月初版第1刷刊　Ⓒ著　者　今　井　茂　樹
　　　　　　　　　　　　　発行者　藤　原　光　政
　　　　　　　　　　　　　発行所　明治図書出版株式会社
　　　　　　　　　　　　　　　　　http://www.meijitosho.co.jp
　　　　　　　　　　　　　（企画・校正）新井皓士
　　　　　　　　　　　　　〒114-0023　東京都北区滝野川7-46-1
　　　　　　　　　　　　　振替00160-5-151318　電話03（5907）6701
　　　　　　　　　　　　　ご注文窓口　電話03（5907）6668

＊検印省略　　　　　　　　　組版所　中　央　美　版

本書の無断コピーは，著作権・出版権にふれます。ご注意ください。

Printed in Japan　　　　　　　ISBN978-4-18-353220-6
もれなくクーポンがもらえる！読者アンケートはこちらから